부동산 투자를 잘한다는 것

부린이를 위한 내 집 마련 실전 가이드

이승주 지음

체인지업
CHANGEUP

✦ 내 집 마련에 성공한 사람들 ✦

**뚜벅뚜벅
'기초에 충실'형**

시드머니 모아 정책 대출로 레버리지,
30대 초 구축 매매한 A씨

Q 왜 집을 사기로 결심하셨나요?

집을 사야겠다고 마음먹은 계기는 잦은 이사였습니다. 이사 다니는 데
지쳤고, 임대료가 계속 오르는 통에 내 집 하나 있으면 좋겠다 싶어 집
을 사기로 마음먹었습니다. 그리고 서른 살에 서울에 18평대 아파트를
마련했죠.

Q 어떻게 씨드머니를 마련하셨나요?

스물다섯 살에 중소기업에 들어가 세후 200만 원대 월급을 받았지만

매달 절반 이상을 저축했습니다. 생활비는 한 달에 100만 원이면 충분했거든요. 그럴 수 있었던 비결은 두 가지입니다. 첫째, 부모님 도움으로 서울에서 전세로 자취하면서 주거비를 절약했고, 둘째, 월급을 받자마자 절반을 떼어놓고 남은 돈으로 생활한 것입니다. 부모님 도움으로 월세로 나갈 돈과 전세대출로 나갈 이자를 아끼니 한층 생활에 여유가 찾아왔습니다.

 집을 산 과정을 말씀해주세요.

그렇게 7년 만에 1억 원을 마련했습니다. 부모님에게 5000만 원(비과세)을 증여받아, 모두 1억 5000만 원의 시드머니가 생겼죠. 남은 돈은 정부 대출상품인 보금자리론을 활용했습니다. 서울에서는 외곽에 위치해 있지만 여의도와 광화문으로 환승이 가능한 지하철 역세권에 있는 아파트, 오래됐지만 방 2개짜리가 3억 원대에 나와 이를 매입하기로 결정했습니다. 낡았지만 단지가 크고 서울 역세권인 만큼 적어도 가격이 떨어질 일은 없을 것이라 생각한 겁니다. 이후 서울 집값은 크게 올랐죠. 집값과 상관없이 이사 다니기에 지쳤던 저는 현재 주거 안정성을 얻는 것은 물론 방 2개짜리 18평 내 집에서 살고 있습니다. 또한 원리금과 대출금을 갚고 있는데, 그 돈은 내 집에 투자하고 있는 것이나 마찬가지죠.

빚이 싫어 전세대출 악착같이 갚았더니……,
내 집 마련 발판 만든 B씨

Q 어떻게 시드머니를 만드셨나요?

저희는 양가 부모께 한 푼도 도움 받을 수 없었습니다. 신혼집은 고사
하고 결혼 비용조차 받을 수 없었죠. 저희가 가진 돈은 모두 2000만 원
남짓이었습니다. 하는 수 없이 약 5000만 원을 대출받아 경기 북부 작
은 빌라에서 신혼살림을 시작했습니다. 그리고 빚을 극도로 싫어하는
성향 덕분에 3년 안에 전세자금으로 받은 대출금을 악착같이 모두 갚
았습니다. 그러자 시드머니가 7000만 원이 생겼습니다.

Q 그 이후 어떻게 하셨나요?

일단 서울 노원으로 이사했습니다. 시드머니 7000만 원에 보금자리론
대출 등을 더해 18평대 아파트를 마련했죠. 초기 자금이 없던 저희가
내 집 마련의 최소 자금을 마련하게 된 것은 전세대출금을 모두 갚겠
다는 의지에서 시작되었습니다. 그 이후 노원 아파트는 '노·도·강(노
원구·도봉구·강북구) 열풍'을 타고 집값이 많이 올랐죠.

경기 주공아파트에서 2년마다 옮겨, 30대에 10억 원대 아파트 입성한 C씨

옮기고 옮겨 '흐름에 올라타기' 형

 Q 내 집을 마련하게 된 노하우가 무엇인가요?

저는 수원에서 1억 원대 아파트에서 신혼살림을 시작했습니다. 하지만 직장인 서울로 출퇴근하기에 너무 먼 거리였죠. 고민 끝에 살던 집을 팔고, 대출을 조금 받아 서울 북부로 이사했습니다. 같은 서울이니 접근성이 조금 좋아졌지만 여전히 멀었죠. 그래서 교육 여건도 좋고, 출퇴근도 용이한 한강 이남에 있는 아파트로 다시 이사하게 되었어요. 마침 이전 아파트를 팔고 얻은 시세차익에 대출을 조금 더 내서 사게 되었죠.

 Q 이사 다니는 게 만만치 않은데, 어떻게 그런 결심을 하게 되셨나요?

마침 집을 이사할 때마다 집값 상승기를 타고 적게는 1억 원, 많게는 2~3억 원씩 시세차익을 얻었고 매번 대출을 받으면서 액수가 큰 집으로 이사 가게 됐습니다. 2~3년마다 집을 옮기면서 자산을 불려갈 수 있었습니다. 그렇게 4~5번을 옮기자 경기 주공아파트에서 여의도 주상복합으로 이사 가게 됐습니다. 출퇴근하기 힘들었던 경기 지역에서 직주 근접에, 아이를 키우기도 편리한 한강 근처 여의도에 자리하게 된 것이죠. 10억 원 초반대에 입성한 이 아파트는 15억 원까지 올랐습니다. 더욱이 옮길 때마다 부동산 지수가 팍팍 오르면서 지금은 재개발 매물도 따로 투자하고 있습니다.

복권도 사야 '당첨된다' 형 복권도 사야 당첨된다! 꾸준히 청약 넣어 당첨된 D씨

 왜 자꾸 실패하는 청약을 계속 넣으셨나요?

저는 30세에 결혼한 뒤 수도권 빌라에서 전세살이를 시작했습니다. 부모 도움을 받지 못해 내 집 마련은 꿈도 꾸지 못했습니다. 약간의 목돈은 있었지만 집을 사기엔 턱없이 부족했죠. 둘 다 사회초년생이라 갖고 있던 돈을 빌라 전세대출 갚는 데 모두 썼습니다. 아무리 생각해도 청약밖에 답은 없었습니다. 청약은 복권 당첨과 같다는 말이 많았죠. 그래도 복권도 사야 당첨되는 게 아닐까 싶어 번번이 떨어졌지만 수도권에 꾸준히 넣었습니다.

시간이 흘러 아이를 둘이나 낳고 나니 빌라 전세살이가 좁게 느껴졌습니다. 그동안 모은 돈에 대출을 조금 더 받아 평수가 넓은 아파트에 전

부동산 투자를 잘한다는 것

세로 이사 갔습니다. 하지만 언제 또 이사 가야 할지 모른다는 불안감이 엄습했습니다. 아이 둘을 키우니 짐이 점점 불어났고, 그 많은 이삿짐을 또 싸야 하는 데다 어린이집도 옮겨야 한다는 생각까지 하니 집을 사고 싶은 마음이 더 간절했습니다.

 청약경쟁률이 높다는데, 어떻게 당첨되셨나요?

청약에 계속 떨어지던 터라 큰 기대 안 하고 넣었어요. 그때도 밑져야 본전이란 마음으로 가볍게 넣었는데, 남편이 당첨되었습니다. 정말 뛸 듯이 기뻤습니다. 그냥 운 좋아서 붙은 것 아니냐고요? 맞습니다. 하지만 청약을 넣었기 때문에 가능한 것이죠. 청약경쟁률이 높다는 얘기만 듣고 아예 시도조차 안 하는 사람들이 많습니다. 하지만 청약 시장은 지역이나 단지마다, 그 조건이 차이 나는 경우도 많습니다. 청약은 대학 입시로 생각하면 '수시 전형'이라고 생각하세요. 되면 좋고 안 되더라도 집을 살 수 있는 기회는 또 있으니까요. 대신 하려면 꾸준히 청약을 넣어야 합니다. 그리고 내가 꼭 넣고 싶은 단지에 상향 지원하듯 넣어보세요.

다들 말렸지만 형편 맞춰 과감히 빌라 선택, 이후 아파트 포함 총 3채 보유한 F씨

 어떻게 다주택자가 되셨나요?

저는 서울 연남동 원룸에서 월세살이를 하던 평범한 직장 여성이었습니다. 햇볕이 잘 들어오지 않는 원룸에 월세를 매달 45만 원을 지출하는 게 싫어, 계약이 종료되자 볕이 잘 들어오는 쾌적한 전셋집을 찾기로 결심했죠. 그런데 그사이 임대료가 너무 올라 차라리 집을 사야겠다 싶었습니다.

갖고 있던 돈을 다 털어도 서울에서는 힘들 것 같았습니다. 그렇다면 수도권으로 이동해야겠는데, 아무리 생각해도 아파트는 살 수 없다는 객관적인 판단을 하게 됐죠. 그래서 빌라를 사기로 결심했습니다. 물론 "빌라는 사는 게 아니다"라거나 "사고 나면 반드시 후회할 것"이라면서 주변의 반대가 거셌습니다. 하지만 어쩌겠습니까? 누가 아파트 좋다는 것 모른답니까.

어떤 빌라를 매입해야 후회하지 않을까요?

아파트를 사고 싶지만 돈은 없고, 청약을 넣자니 미혼에 청약가점이 낮아 그것도 쉽지 않았습니다. 결국 내 상황에서 최선은 빌라 매입이라는 결론에 이르렀죠. 다만 빌라에는 여러 단점이 있다는 것을 파악하고 이를 극복할 수 있는 방법을 생각했습니다. 가장 큰 단점은 되팔 때 제값을 받지 못할 수 있다는 것이니 전세 수요가 풍부한 빌라를 선택하면 되겠다 싶었던 거죠. 보통 매매가격은 전셋값 아래로는 내려가지 않잖아요. 그리고 빌라는 매매 수요는 많지 않지만 전세 수요는 풍부하다는 점을 노렸던 것이죠. 이를 활용해 최대한 전세 수요가 많아 보이는 빌라를 찾는 데 주력했습니다. 임장 포인트를 여기에 뒀던 것이죠. 열심히 발품을 팔고, 세입자로 살았던 경험을 바탕으로 '내가 살고 싶은 빌라'를 찾았습니다. 그 끝에 서울 전세보증금보다 저렴한 돈으로 경기 김포시에 한 신축 빌라를 매입했습니다. 그 후 직장 문제로 충청도로 이사하면서 김포 빌라를 전세 주고, 그 전세보증금으로 충청도에 있는 아파트 한 채를 갭투자, 또 한 채는 대출을 받아 매입해 총 3채를 소유한 부동산 부자가 됐습니다.

'2030세대 내 집 마련 열풍', 조급한 마음 말고 공부가 필요하다

무엇이 우리 세대를 이처럼 조급하게 만들었을까?

2030세대의 내 집 마련 열풍이 계속될 무렵 이런 질문이 내 머릿속을 떠나질 않았다. 빚을 내서도 집을 사지 못할 정도로 올라 우울하다며 '하우스 블루(House Blue, 주택 문제로 생긴 우울증)'란 신조어까지 생겨났다. 무엇이 청년들을 이렇게까지 만든 걸까?

이 같은 열풍이 불기 전, 처음으로 내 집을 마련한 연령은 43세였다. 지난 2018년 국토연구원이 발표한 〈주거 실태 조사 최종 연구 보고서〉에 따르면 생애 첫 집을 마련한 가구주 평균 연령이 약 43세다. 즉 40대 중후반이 되어 첫 집을 매입해도 하등 이상할 게 없다는 뜻이다.

20~30대에 내 집을 사지 못하는 청년들이 '하우스 블루'에 빠질 일이 아니라는 말이기도 하며, 오히려 원래 집 사는 게 힘든 일이란 의미다.

그럼 무엇이 우리가 20~30대에 집을 못 사면 실패한 인생인 양 조급하게 만든 걸까? 지난 문재인 정부 5년 동안 서울 집값은 무려 3.3㎡당 105.4%가 올랐다. 경기 성남시 분당구에 위치한 '분당 파크뷰 아파트'는 2017년 9월 30억 7000만 원에서 이 문재인 정부 임기 말 48억 원까지 올랐다고 한다. 문 정부 초기에 집을 샀는지 여부로 수억 원의 자산이 갈렸다. 우연히 문 정부 초기에 결혼하면서 신혼집을 장만했다는 이유로, 전세살이에 지쳐 집을 샀을 뿐인 이유로, 그 시점에 청약에 당첨됐다는 이유로 앉은 자리에서 수억 원을 번 사람이 있었다. 반면 월세에 살면서 줄줄이 돈만 쓰고 있는 사람도 있었다.

'분당 아파트가 18억 올랐는데, 이제부터 저 돈을 어떻게 벌어야 할까? 회사 다니면서 10년을 뼈 빠지게 벌어도 안 될 것 같은데. 나는 지금 살고 있는 전셋값을 올려주지 못하면 다다음 달에 쫓겨날지도 모르는데, 그럼 월세로 가야 하나?'

한숨만 나온다. 앞으로 평생 모아도 내 친구가 살고 있는 집으로 이사 갈 돈은 벌 수 있을까? 나와 같은 고등학교를 졸업하고, 같은 동네에서 비슷하게 공부했던 동네 친구였는데 말이다. 갑자기 불안이 엄습

한다.

그럼 불안함을 없애려면 어떻게 해야 할까? 이 질문에 난 막힘없이 대답할 수 있다. 공부해야 한다. 시장을 잘 알면 불안하지 않다. 우리가 불안하고 조급한 감정이 드는 것은 깜깜한 방에 혼자 덩그러니 놓여 있다는 기분이 들기 때문이다. 깜깜한 곳에 있더라도 저 앞쪽에 비록 멀리 있고 좁은 문이지만 끝으로 걸어가면 터널 밖으로 나갈 수 있다는 사실을 알고 서 있는 사람과 모르는 사람은 시간이 흐른 뒤 다른 삶을 살고 있을 것이다. 막연히 어둠 속에 그냥 서 있으면 불안만 하고 조급해하다 이상한 결정을 내리게 된다. 하지만 앞쪽 희미한 불빛을 내다보고 이곳이 어디이고 자신이 처한 상황에 대해 알고 그쪽을 향해 조금씩 걸어가는 사람은 다르다. 그리고 이러한 상황은 지금 2030세대가 부동산으로 인해 겪고 있는 혼란과 비슷하다.

그러니 부동산 공부를 해야 한다. 시장을 알고 내가 처한 위치와 상황을 알면 비록 지금은 집도 없고 돈도 없지만 불안하지 않다. 그리고 집이 없다는 상황은 같지만 실상은 전혀 다르다. 집을 사기 위해 채비하고 내공을 쌓고 있다는 점에서. 자산을 열심히 불리고 임장을 다니고 시장을 읽고 분석해보자. 내 안의 힘을 키워야 독립적으로 판단하고 결정할 수 있는 눈과 통찰력이 만들어진다.

이 책은 돈을 벌 수 있는 투자성 좋은 매물을 소개하거나 요즘 떠오르는 지역을 짚어주는 재테크 책이 아니다. 부동산의 '부'도 모르는 부

부동산 투자를 잘한다는 것

린이가 부동산 시장을 이해하고 파악하며, 스스로 판단할 수 있도록 도와주는 '부동산 사용설명서'다. 알찬 정보도 담고, 부동산 공부 습관을 기를 수 있는 루틴과 부동산 전문기자로서 그동안 해오던 나만의 공부법도 실었다. 또 부동산을 비롯해 경제기사를 읽다보면 접하게 될 어려운 용어와 원리는 '친절한 이기자'로 쉽게 해설했다. 부린이 자가 테스트부터 내 집을 구하는 과정에서 참고할 만한 사이트 등도 추가했다.

이 책을 읽는 독자 여러분이 전·월세로 시작해 시드머니 모으는 것부터 내 집 마련 과정까지 전반적인 부동산을 통해 자산을 불리는 과정을 이해함과 동시에 자신의 주거 계획을 스스로 세울 수 있길 기대한다. 아울러 전작 《토익보다 부동산》(입문서)을 읽고 후속책을 기다렸을 독자와 팟캐스트 '부린이라디오' 청취자들께 감사를 표한다. 이 책이 기준금리 인상에 윤석열 정부의 새 부동산 정책, 다가올 전세 대란으로 혼란을 겪고 있는 2030 부린이들의 포근한 내 집 마련에 조금이나마 도움이 되길 바란다.

2022. 7월

이승주

차례

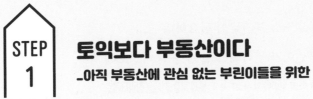

STEP 1

토익보다 부동산이다
_아직 부동산에 관심 없는 부린이들을 위한

STEP 2

집값 떨어진다고?
그럴수록 더 부동산이다
_집값 폭락 예측에 방관자로 돌아선 부린이들을 위한

STEP 3

시작이 반, 시드머니부터 만들어라
–뭐부터 시작해야 할지 모르는 부린이들을 위한

STEP 4

매수 타이밍 잡기? 공부가 답이다
_꾸준히 부동산 공부를 하고 싶은 부린이들을 위한

내 집 마련 이론편
-부동산 투자 지식이 필요한 부린이들을 위한

STEP 6

내 집 마련 실전편
_집 살 준비가 된 부린이들을 위한

에필로그

부록

✦ 부린이 자가 테스트 ✦

☐ 청약통장에 가입돼 있으며 어디에 쓰는 것인지 안다.

☐ 월세와 전세의 차이를 설명할 수 있다.

☐ 월세와 반전세를 구분할 수 있다.

☐ 갭투자가 무엇인지, 어떤 상황에서 성행하는 방법인지 설명할 수 있다.

☐ 임대차 3법이 무엇이고 각각이 무엇을 의미하는지 안다.

☐ 역세권이 무엇인지 안다.

☐ 입지란 무엇이며 이를 구성하는 요소를 최소 3가지 이상 말할 수 있다.

☐ 임장이란 무엇인지 설명할 수 있으며 직접 해본 적 있다.

☐ 1평이 몇 ㎡인지 안다.

☐ 전세보증보험이 무엇인지, 언제 가입하는지 안다.

LEVEL 2

☐ 1기, 2기, 3기 신도시를 각각 3곳 이상 댈 수 있다.

☐ 기준금리가 무엇이며 어떤 역할을 하는지 말할 수 있다.

☐ 청약과 사전청약의 차이가 무엇인지 안다.

☐ 구축과 신축 매매, 과정이 어떻게 다른지 알고 있다.

☐ 빌라의 장점과 단점 각 3가지를 꼽을 수 있다.

☐ 강남3구와 4구, 마용성이 어디인지 안다.

☐ 국민주택의 기준을 말할 수 있다.

☐ 전세가율이 무엇인지 설명할 수 있다.

☐ 오피스텔, 고시원, 옥탑방 중 주택법상 주택인 것을 골라낼 수 있다.

☐ 집값에 영향을 미치는 요인 5가지 이상 꼽을 수 있다.

☐ 현재 기준금리가 몇 %인지, 대출금리는 대략 몇 %대에 형성됐는지 말할
수 있다.

☐ 취득세, 종합부동산세, 보유세, 양도소득세 차이를 구분할 수 있다.

☐ LTV, DTI, DSR의 차이를 구분하고 현재 대출 규제는 어떤 것이 적용됐
는지 안다.

☐ 재건축과 재개발이 어떻게 다른지 설명할 수 있다.

☐ 문재인 정부에 지방에서 집값이 가장 많이 오른 지역 3곳 정도 꼽을 수
있다.

☐ 임대차 3법을 찬성하는 측과 반대하는 측의 근거를 각각 댈 수 있다.

☐ 호가와 실거래가, 감정가가 어떻게 다른지 안다.

☐ 공시지가가 무엇이며 언제 쓰는 용어인지 알고 있다.

☐ 오피스텔과 빌라의 차이를 3가지 이상 말할 수 있다.

☐ 문재인 정부와 박근혜 정부의 부동산 정책의 구체적인 차이를 설명할 수
있다.

결과보기

레벨1은 질문당 1점, 레벨2는 2점, 레벨3은 3점

 당신은 부생아(부동산 신생아), 너무 속상해하지 말자. 이 책을 통해 한 방에 부린이를 탈출할 수 있다.

 당신은 부린이(부동산 어린이), 그래도 약간의 기본기는 있으니 노력만 더하면 탈출이 충분하다! 고지가 눈앞에 보인다. 조금만 더 힘내자!

 당신은 부른이(부동산 어른), 부린이를 넘어 부른이인 당신. 알고 있는 것을 이 책을 통해 한 번 더 확인해보고 혹시 놓치고 있는 점은 없는지 다져보는 시간을 갖도록 하자. 그리고 실전에 나가보자.

STEP
1

토익보다 부동산이다

아직 부동산에 관심 없는 부린이들을 위한

대학에 입학하는 순간부터 토익학원에 등록하는 요즘 현실. 그런 청년들에게 토익보다 부동산을 왜 공부해야 하는지 알려주고자 썼다. 토익점수보다 중요한 것은 부동산 지수. 내 집 마련이 하늘에 별 따기만큼 어려워진 요즘, 대기업에 입사해도 집 사는 건 어렵다. 그러니 사회에 진입하기 전부터 부동산에 관심을 두고 공부해야 한다. 시드머니는 하늘에서 뚝 떨어지지 않으니, 미리 계획하는 것이 필요하다.

치열하게 살아왔는데
가난한 당신에게

어른들이 시키는 대로 살았는데 왜 가난한가

어른들이 시키는 대로 살아왔다. 학원에 가라면 갔고 시험을 봐야 한다면 봤고 대학에 가야 한다고 해서 열심히 공부했다. 그렇게 학창 시절 매 순간 어른들의 말씀대로 사회에 나가기 전에 갖춰야 하는 것들에 최선을 다해 성실히 살아왔다. 그런데 성인이 된 나는 왜 가난한 걸까?

입시 지옥과 취업난을 뚫고 치열한 직장생활을 하는 대한민국 청년 이라면 이런 생각을 한 번쯤 해봤을 것이다. 대한민국에서 10대에는 대학 입시를 위해, 20대에는 취업을 위해 장장 20여 년을 공부에 매진할 것을 강요받는다. 막상 이 긴 시간을 끝내고 나면 이제 행복을 누릴 것만 같았는데 정작 삶은 녹록하지 않다. 사회가 요구하는 대로 그 나이대에 해야 한다는 것들을 최대한 열심히 하며 살아온 것 같은데, 아무것도 손에 쥐어지는 게 없다.

어린 시절 부모님께 이런 걸 왜 공부해야 하는지 물어보면 "다 나중에 너 잘되라고 시키는 거야"라고 하셨다. 조금씩 이유는 다르겠지만, 대체로 우린 이런 어른들의 말이 맞다고 믿고 긴 고통의 시간을 감내하며 여기까지 왔다. 그런데 여러분께 다시 묻고 싶다. 그런 어른들의 말대로 부모의 희생을 등에 업고 인내한 끝에 대학에 입학하거나 졸업한 지금의 자신의 모습에 만족하는지.

물론 행복과 성공의 기준은 사람마다 다를 것이다. 좋은 대학에 입학하고 좋은 직장에 취업해서 행복하게 사는 경우도 있겠지만 그렇지 않은 사람도 많다. 정확히 10대와 20대 내내 부모님의 헌신과 사교육 뺑뺑이 돌림 속에 살아온 것치고는 썩 만족스러운 삶은 아니지 않을까. 그동안 들인 시간과 비용, 인내의 시간을 계산하면 효율성 낮은 삶을 살고 있지 않나 돌이켜 생각해보자. "조금만 참아, 지금 참고 공부해서 어른이 되면 네가 하고 싶은 일 마음껏 할 수 있어"라는 말만 믿고 보낸 학창 시절치고는 말이다.

30대, 치열한 쳇바퀴 속에서 욜로족으로

부동산 투자를 잘한다는 것

"대학 때 신나게 놀아. 미팅도 하고 연애도 하고 여행도 다니면서 하고 싶은 것 마음껏 해. 공부? 3학년 2학기 때 바짝 학점 관리하면 적어도 이름 들어본 기업에 들어갈 수 있어."

글로벌 경제위기 전 대학가에서 선배들에게 심심찮게 들었던 말이다. 당시에는 4년제 대학을 졸업만 하면 적어도 이름은 들어봄직한 기업에 쉽게 들어갈 수 있었다. 그 이후 상황은 많이 달라졌다. 지금은 대학 졸업장만으로 건실한 중소기업에 취직하는 것도 쉽지 않다. 나만의 필살기를 갖추지 않는다면 대기업 입사는 재수, 삼수까지 염두에 둬야 한다. 공무원 시험 경쟁률도 수십에서 수백 대 1에 달하는 세상이다.

이렇게 힘들게 입사에 성공하면 인생이 나아질까? 입사 후 처음 몇 해는 대학 때 빌린 학자금 대출과 오랜 취준생(취업준비생) 때 쓴 학원비와 카드값 등을 갚느라 빈곤한 생활을 보내고, 남은 돈으로 자취방 월세를 지출하면 생활비도 빠듯하다. 그래도 직장생활을 몇 년 했으니 목돈을 좀 모았다. 하지만 돈을 모아도 내 집 마련은 그야말로 언감생심(焉敢生心)이다. 그래서 우리 세대를 연애와 결혼, 출산까지 포기한 '3포세대'라고 하나보다. 결혼과 출산도 포기하는 마당에 내 집 마련은 꿈도 못 꿀 수밖에.

이렇게 살다간 평생 월급 타다 고스란히 월세와 생활비에 탕진할 것 같은 위기감이 엄습한다. 월급이 통장을 스쳐 지나간다는 게 남의 일 같지 않다. 한 푼이라도 월급 더 주는 곳으로 옮기는 수밖에 없다고 느껴지니 이곳이 평생 직장이란 생각을 버린 지 오래다. 시간만 나면 이직 자리를 몰래 알아보는 게, 나뿐이 아닌가 보다. 그렇다 보니 이직 시장 경쟁도 치열하다. 하는 수 없이 취업 준비 때 하던 스펙 쌓기를 또 해야 한다. 퇴근 후 다시 토익 공부를 하고 이번엔 중국어, 심지어 재테크까지 공부해야 하는 현실. 이놈의 공부는 학창 시절이면 끝나는 줄 알았는데 도대체 끝이 있긴 한 걸까? 아무리 공부하고 공부해도 살림살이는 나아지지 않으니 어떻게 해야 할까?

이런 우리들의 한숨과 푸념을 배부른 소리로 치부할지도 모른다. 우리 때는 먹을 것이 없어 죽는 사람들도 있었는데 너희는 그래도 먹고사는 걱정은 없지 않냐면서. 실제로 우리는 다이어트한다면서 먹을 것을 갖다 버릴 정도로 풍족한 시대에 살고 있긴 하다. 거리에 나가면 외제차가 넘쳐나며 인스타그램을 조금만 들여다봐도 여기저기 명품이 등장하니까. 수백만 원 하는 해외여행을 가는 사람도 정말 많으니까. 어쩌면 우리가 포기한 것은 아닐까? 더 나은 미래가 펼쳐질 것이라고 기대하며 장장 20년을 공부하며 준비해왔는데 막상 성인이 되고 나니 현실은 학창 시절과 다르지 않으니 말이다.

여전히 우리는 질풍노도의 시기를 겪는 사춘기처럼 한 치 앞도 모르는 불안한 현실을 살아가고 있다. 다시 알 수 없는 미래를 준비하며 스펙 쌓기를 반복해야 한다. 그러는 속에 또 가난해지고, 과연 이 끝은 어디일까? 미래를 위해 현재를 참고 희생하는 짓을 언제까지 해야 할지 막막하다. 그러던 끝에 미래를 위해 현재를 희생하지 말고 즐겨보자

부동산 투자를 잘한다는 것

는 생각이 들었을 것이다. 지금 갖고 있는 돈을 쓸 수 있을 때 써보자는 '욜로(YOLO)족'이 한때 등장했던 것도 이런 이유 때문이 아니었을까?

아무리 발버둥 쳐도 부모 도움이 없다면 집 한 채 살 수 없고, 아무리 모아도 자산이 불어나지 않는 게 지금의 현실이다. 차라리 갖고 있는 돈을 전부 쓰더라도 해외여행도 마음껏 가고, 옷도 사 입으면서 소소한 행복이라도 누리는 게 더 낫겠다 싶었을 것이다. 그렇게 일부는 할부로 외제차를 사서 마음껏 고속도로를 달려도 보고, 명품백을 들고 고급 레스토랑에서 찍은 사진을 보면서 만족을 채워왔을지도 모른다.

2030세대 운명, 부동산이 갈랐다

최근 2030세대의 운명이 부동산으로 갈리고 있다. 소위 부동산을 '아는 청년'과 '모르는 청년' 사이 자산 격차가 크게 나뉘었기 때문이다. 물론 인생에 돈이 전부는 아니지만, 돈이 없으면 삶의 질이 하락하게 되고, 행복이 찾아오기 쉽지 않다.

지난 2009년 글로벌 경제위기 이후 취업난 한파가 불어 취업 재수·삼수는 흔한 일이 되었다. 지금의 취업난은 실력의 문제이기도 하지만 실력이 비슷해도 약간의 처세 부족, 계획 실패, 운의 부족이 더해 합격과 불합격이 나뉘기도 한다. 여기에 '부동산'이 양극화를 증폭시켰다. 누구는 운이 좋아 칼같이 졸업해 대기업에 취업, 연봉을 모았고, 어린 나이에 결혼하면서 내 집 마련하느라 부동산에 일찍 눈떠 수억 원의 자가를 보유하기도 한다. 더 나아가 월세를 받을 오피스텔 등 임대사업주까지 돼 있는 경우도 있다. 반대로 운이 나빠 번번이 취업에 실패하다 서른 가까이 간신히 취업했는데 그동안 벌어둔 돈이 없어 결혼까지 미룬 케이스도 있다. 그러다 마흔 살이 됐는데 집에 대해 고민한 적이 없어 여전히 홀로 원룸 월세방에 산다. 모아놓은 돈 5000만 원이 전 재산이다. 학자금 대출 갚고 월세 내느라 빠듯하기도 했지만, 부동산에 관심이 없어 불릴 생각을 못 했던 이유도 크다. 그래서 생각해본다. 취업과 결혼 시기를 내 마음대로 하지 못한다면, 내 의지대로 할 수 있는 부동산 공부만이라도 미리 했다면 어땠을까?

주식보다 부동산을 해야 하는
세 가지 이유

2020년 동학개미운동과 함께 주식을 시작한 주린이(주식+어린이)
가 상당하다. 주식으로 쏠쏠하게 돈을 번 개인들이 늘어나면서 지난
2020~2020년 출판계에서 주식 관련 도서가 부동산 책의 판매량을 넘
어섰다. 그야말로 '주식투자 열풍'이 불어온 것. 이례적인 코스피 상승
세에 투자 수익률이 꽤 좋은 장이 펼쳐진 이유도 있지만, 적은 돈으로
누구나 쉽게 투자할 수 있다는 점이 매력으로 작용한 것으로 보인다.

당시 부동산 시장 상황은 부동산 가격이 고점에 다다른 것 아니냐며
주식을 하는 게 더 낫다는 분위기가 형성되었다. 하지만 나는 시장 분
위기와 상관없이 청년이라면 부동산 공부는 반드시 해야 한다고 생각
한다. 물론 부동산과 주식, 둘 다 공부하면 좋겠지만 그렇게 하기 버겁
다면, 부동산 공부를 우선해야 한다. 부동산은 삶에 꼭 필요한 필수재

이기 때문이다. 부동산 공부가 중요한 이유를 세 가지로 살펴보자.

첫째, 투자 대상이기 전에 주거 공간

부동산의 대상은 '아니 부(不)', '움직일 동(動)'이란 한자를 보면 알 수 있듯이 토지부터 빌딩을 비롯해 오피스와 상가, 공장까지 움직이지 않는 대상을 두루 일컫는다. 부동산이라고 하면 짙은 선글라스를 낀 부티 나는 복부인이 땅 투기하는 장면이나 강남의 나이 지긋한 빌딩주들로 미디어에 묘사되다보니, 2030세대와는 동떨어진 존재라고 생각하기 쉽다. 하지만 '집', 부동산은 개발하고 투자하거나 사고팔며 시세차익을 보기 위한 목적보다 우리가 삶을 영위하는 주거 공간이라는 더 근원적인 역할을 한다. 즉, 살면서 없어서는 안 되는 곳, 생존을 위해 꼭 필요한 세 가지 기본 요소인 의식주 중 하나다. 안정적인 삶을 살 수 있는 거주 공간이 자산을 불리는 투자 대상이기도 하니 그야말로 금상첨화가 아닐 수 없다.

그에 반해 주식은 투자 대상일 뿐이다. 주식이 자산을 늘리기 위한 수단으로 도움이 되지만, 부동산은 반드시 해야 하는 대상이란 뜻이다. 돈을 벌기 위한 방법 중 하나로 주식은 할 수도, 안 할 수도 있지만, 부동산은 생존을 위해 반드시 알아야 한다.

둘째, 주식은 자칫 휴지 조각이 될 수 있지만
부동산은 남는 게 있다

주식은 가격이 떨어지고 떨어져 수익률이 마이너스가 될 수 있다. 경영진의 횡령 등으로 매매 거래가 정지되고 이후 상장폐지까지 되면, 사실상 휴지 조각이 되고 만다. 하지만 부동산은 다르다. 인구 절벽과 집값 하락 등 무시무시한 말들이 나온다. 내가 산 가격보다 집값이 떨어지면서 마이너스 수익률이 될 수 있다.

하지만 부동산은 유형자산이다. 주식과 달리 실체가 있다는 뜻이다. 실거주 목적으로 매입한 것이라면 집값이 떨어지더라도 거주할 공간이 남아있다는 점에 주목해야 한다. 무엇보다 집이 뿌리를 내리고 있는 땅에 주목해야 한다. 땅은 더 만들고 싶다고 해서 생산할 수 있는 것도, 무한히 늘릴 수도 없는 대상이다. 특히 땅덩이가 좁은 대한민국에서 땅은 희소한 가치를 지닌다. 그런 땅을 갖고 있는 것만으로도 자산으로 큰 가치가 있다. 부동산 가격은 국소적으로 보면 떨어진 적도 있지만 큰 틀에서 보면 우상향하며 상승했다. 이처럼 장기적인 관점에서 보면 집값은 언젠가 오를 것이란 기대감이 있지만, 설사 오르지 않는다고 하더라도 주거 공간으로 활용할 수 있다.

셋째, 부동산을 모르면 위험해진다

어디가 됐든 우리는 살 공간이 있어야 한다. 그곳에 월세든 전세든 매매든 어떤 형태로든 살아가야 한다. 그런데 내가 부동산에 대해 잘 모른다면 부동산 법에 통달한 꾼들에게 사기를 당할 수 있다. 법의 사각지대에서 소중한 전 재산을 보호받지 못할 수 있다. 열심히 피땀 흘려 돈을 벌고 모으면 뭐하나, 그렇게 모은 돈을 부동산 사기로 한 번에 잃으면 허사인 것을.

시사 프로그램에는 매년 지역주택조합이나 기획부동산 사기로 수천만 원 넘게 날린 안타까운 사례가 단골 소재로 등장한다. 깡통 전세로 전세금 1억 원을 잃은 사연부터 경매에서 '0'을 잘못 기재해 수천만 원을 날린 사연까지 소개된다. 시장에서 반찬값 아낀다고 몇 천 원 깎고, 교통비 아낀다고 몇 정거장 걸어 다닌다 한들 수천만 원에서 수억 원을 부동산으로 날리면 그 모든 노력이 물거품이 되고 만다. 이렇게 부동산을 모르면 잃을 수 있는 돈의 단위가 굉장히 커질 수 있다는 것을 알게 되면 정신이 번쩍 날 것이다.

3

당장 집을 사지 않더라도, 공부는 해야 한다

누누이 부동산 공부를 해야 한다고 강조하지만 지금 하는 것 모두 다 팽개치고 부동산 공부에 올인하자는 뜻은 아니다. 하고 있는 일을 다 그만두고 부동산 투자에 올인하자는 것도 아니다. 그동안 외면했던 부동산에 관심을 갖자는 의미일 뿐이다.

가끔 '부동산 공부를 시작하자'고 하면, "앞으로 집값이 떨어진다는데 굳이 왜?"라고 반문하는 사람들이 있다. '집값이 상투다', '꼭대기까지 올랐다', '이제 떨어질 일만 남았다'는 부동산 전망이 나오기 때문인 것 같다. 사실 집값이 앞으로 오를지 떨어질지 그 누구도 장담할 수 없다. 전문가들이 대체로 집값은 큰 틀에서 우상향할 것이라고 전망하지만 그것 또한 알 수 없는 일이다. 국소적으로 보면 하락할 수도 있다. 무엇이 됐든 중요한 것은 부동산 공부가 필요하다는 것만은 확실하다.

지금 당장 수능을 보지 않더라도 입시를 위한 공부를 최대한 빨리 시작하는 게 좋다고 여겨 선행을 시키는 것처럼 부동산 공부 역시 하루라도 일찍 시작해야 더 유리하다.

부동산 공부는 집을 매매하기 바로 직전 벼락치기로 해서 될 수준이 아니기 때문이다. 집을 매매하기 직전이 되어서야 어디에 집을 살지, 집값은 오를지 떨어질지를 유튜브에 검색해보는 것은 부동산 공부가 아니다. 만약 그렇게 하고 있다면 대학 입시 100일 전 수능에 나올 것들을 찍어주는 족집게 선생님을 찾아다니는 것이라고 보면 된다. 그렇게 강의를 들으면 수능을 잘 볼 수 있을까? 족집게 선생님 강의에서 정말 수능 문제가 많이 나올까? 그렇게 해서 수능 점수가 잘 나오고, 좋은 대학에 붙는지 묻고 싶다.

부동산은 대학 입시보다 더 중요하다. 대학 입시는 족집게 강사 덕분에 운 좋게 수능 대박이 날 수 있지만 부동산은 그렇지 않기 때문이다. 월세든 전세든, 매매든 부동산 계약은 평생 시기가 도래하면 할 때마다 계속 치러야 하는 통과의례 같은 것이다. 그러니 부동산 공부를 꾸준히 해놓지 않아야 큰 손실도 막을 수 있다.

부모로부터 독립하고, 결혼하고, 아이를 낳고, 그 아이가 커서 학교에 가고, 배우자가 이직하거나 자녀가 성인이 되어 독립하는 등 생애주기마다 혹은 집을 늘려갈 때마다 그에 맞는 선택을 해야 한다. 전 재산, 아니 그 이상을 걸고 하는 선택이다보니 결정할 때마다 부담감이 큰 것은 당연하다.

부동산 투자를 잘한다는 것

그렇다고 그때마다 다른 사람에게 물어볼 것인가? 만약 집값 오르내림 전망이나 판단이 틀리면 누구에게 책임을 물어야 할까? 대답해 준 사람이 과연 내 인생을 책임져줄까?

결국 모든 책임은 오롯이 내가 져야 한다. 하지만 부린이들의 특징은 계속 신문기사나 주변 사람들에게 물어는 볼지언정 스스로 공부는 안 한다는 것이다. 난 그들에게 질문하고 싶다. 평생 생애 주기마다 활용하게 될 부동산 공부를 왜 제대로 할 생각을 하지 않는지.

2030세대라면 더더욱 부동산 공부를 빨리 시작해야 한다. 시드머니는 부족한데 독립은 해야 하기에 누구보다 생존의 관점에서 부동산을 바라봐야 한다. 그러니 지금부터라도 기본기를 다지는 공부를 시작하자. 앞으로 부동산 자산을 불려나갈 수 있도록 시장을 보면서 준비하자.

전세 살까, 월세 살까 고민될 때

내 집을 사기 전까지 남의 집에 살 수밖에 없는데, 이를 임대차라고 한다. 일정 기간 집을 빌려 사는 방식이다. 임대차 유형에는 크게 월세와 전세가 있다. 다달이 일정 금액을 내고 거주하는 방식을 월세, 일정 기간 살겠다는 계약을 한 뒤 그 기간 동안 목돈을 주인에게 맡겨두는 방식을 전세라고 한다. 전세는 한국에만 있는 독특한 임대차 방식이라고 하는데, 전세가 부린이에게 긍정적인 측면도 많지만 국내에만 있는 이 특이한 제도 때문에 부동산 시장이 굉장히 복잡하게 흘러가기도 한다. 이 제도를 잘 이해하고 활용하면 큰 도움이 되지만 그렇지 않으면 반대로 위험에 빠질 수도 있다.

월세와 전세, 임대차 유형을 좀 더 세분화할 수 있다. 부동산 시장에서는 반월세와 반전세를 혼용해 사용하지만, 기사를 보면 통계에서 가끔 이를 구분해 표현하기 때문에 처음 공부하는 단계인 만큼 정확히 구분해보자. 임대차 유형은 계약을 체결했을 때 지불했다가 계약이 종료됐을 때 돌려받는 보증금, 다달이 집주인에게 내는 월 임대료의 비율에 따라 구분된다.

(순수)월세	준월세(반월세)	준전세(반전세)
일반적 월세를 이르는 말. 보증금이 매달 지불하는 방세의 1년치(12배) 이하인 월세.	보증금 액수가 큰 월세. 다달이 내는 월 임대료 부담을 줄이고 싶을 때 얻는 월세. 보증금이 월세의 1년치(12배) 초과, 2년치 이하인 월세.	반전세의 정확한 용어. 보증금이 월 임대료의 약 240배를 초과하는, 전세에 근접한 임대차 유형.

전세에서 월세, 월세나 반전세에서 전세로 이동 결정할 때 고려할 점!

나라에서 무주택 2030세대를 위한 많은 금융상품을 선보이고 있다. 상품 중에 내가 활용할 수 있는 것이 있는지 찾아보자. 가령 문재인 전 정부에서는 중소기업에 다니는 청년 중 일정 소득 이하의 조건을 만족하면 전세금의 100%나 80%를 1~2%대 저리에 빌려주는 상품을 선보였다. 조건이 부합한다면 이런 혜택은 놓치면 안 된다.

단, 정부마다 어떤 정책 상품을 내놓을지, 시장 상황에 따라 정책 조건을 어떻게 변경했을지 알 수 없다. 지방자치단체 역시 매번 달라진다. 귀찮더라도 나에게 맞는 상품을 찾기 위해 발품과 손품을 들이는 것이 필요하다. 대체로 2030세대를 위한 금융상품은 고소득자가 아니라면 어느 정부든 가지고 있기 마련이다.

정부에서 지원하는 대표적인 대출상품을 다루는 곳은 크게 한국 주택금융공사(HF)와 주택도시보증공사(HUG)가 있다. 두 곳에서 다루는 상품은 비슷하지만 구체적으로 요구하는 기준이나 요건이 다르다. 자세한 사항은 각 홈페이지에 들어가 살피자. 한국주택금융공사는 금융 관련 공기업, 주택도시보증공사는 부동산 관련 공기업이다. 버팀목 전세자금 대출과 중소기업 전세대출 등이 있지만 정부마다 달라질 수 있으니 반드시 내가 구하고자 하는 시점에 확인해보자.

다양한 정책 상품을 살펴봤지만 내 소득 요건 등에 모두 해당 하지 않을 수도 있다. 우선 있는 돈으로 할 수 있는 최선의 선택을 해야 한다. 전세와 월세 중 하나를 골라야 한다면 무조건 월 지출이 적은 쪽을 택하자.

당장 내 집 마련이 불가능한 무주택자 부린이 입장에서 가장 좋은 임대차 유형은 전세다. 계약 기간 동안 집주인에게 목돈을 잠시 맡기기만 하면 몇 년 동안 공짜로 살 수 있기 때문이다. 그 목돈이 파생하는 기회비용을 생각하면 정확히 공짜라고는 할 수 없지만, 우선 임대료로 매달 지출되는 고정비가 없고, 계약이 끝나면 그 돈을 고스란히 돌려받는다는 측면에서 부린이에게 유리한 유형이다. 혹 전세보증금 대출을 받아야 하는 사람이라면 대출이자라는 다달이 월 지출이 생기게 된다. 이때 월세와 전세대출이자를 비교해 미리 계산해보는 것이 좋다.

요즘에는 워낙 다양한 앱이 발달되어 있어 잘만 활용하면 쉽게 내가 원하는 정보를 알 수 있다. 특히 전세와 월세 중 어떤 게 더 나한테 맞는지 알아볼 수 있는 '핀다' 앱의 경우 전세와 월세를 미리 계산해볼 수 있고, 어떤 게 더 경제적으로 도움되는지 금방 알 수 있다. 핀테크 앱인 '핀다'에 있는 '전세vs월세 계산기'를 활용해 미리 알아보자.

핀테크 앱 '핀다'에서 전세vs월세 계산기 활용하기

핀다앱 전세vs월세 계산기

STEP
2

집값 떨어진다고?
그럴수록 더 부동산이다

집값 폭락 예측에 방관자로 돌아선 부린이들을 위한

이번 단계는 금리 인상과 집값 폭락 예측으로 인해 관심을 두었다가 돌아선 부린이들

이 왜 다시 부동산에 집중해야 하는지에 대한 설명이다. 부동산 시장에도 사이클이 있

다. 그 사이클이 지금 하락기에 접어들었을 뿐 사실 우리나라 부동산은 꾸준히 우상향

해왔다. 그리고 오히려 집값이 하락하고 있는 지금 공부를 열심히 해서 매수 시점을

잘 잡아야 한다. 그래야 차후 또 올 집값 폭등기에 후회하지 않기 때문이다.

1

자고 나니 수십억 올랐다고?
그건 네 생각이고

"집값이 왜 이렇게 비싸. 자고 나니 수십억 오른 것 같아!"

20~30대 지인들을 만나면 자주 듣는 말 중 하나다. 결혼이나 취업 등의 이유로 부모 집에서 독립하기 위해 집을 구하던 중 그 가격에 놀 랐으리라. 아니 이렇게 집값이 비쌌냐며 내게 묻는 일도 허다하다. 대기업 연봉을 받아 1원도 허투루 쓰지 않고 모아도 10년 안에 집 한 채 살 수 없을 것 같다고 한숨을 내쉰다. 가격 거품은 아닌지, 특히 서울 집값을 듣고 '헬(hell)조선'이라며 탄식한다.

자고 나니 수십억 올랐다는 말, 문재인 정부에서는 맞는 말이긴 하다. 리얼하우스가 분석한 한국부동산원의 부동산통계정보에 따르면 지난 2017년 3월~2022년 3월 서울 아파트 3.3㎡당 평균 매매가는

105.4%, 전세가격은 64.9% 올랐다. 경기 성남시에서도 분당에 위치한 '분당 파크뷰 아파트'는 2017년 9월 30억 7000만 원에서 문재인 정부 임기 말에 48억 원까지 올랐을 정도다.

하지만 집값이 최근 몇 년 동안 반짝 오른 것이라고 생각하면 오산이다. 집값은 원래 이전부터 꾸준히 오르고 있었다. 물론 지난 2008년 글로벌 경제위기를 겪으면서 하락하기도 했고, 지역별로 분양 물량이 몰렸던 때에는 국지적으로 미분양이 적체돼 가격 하락세를 겪기도 했다. 하지만 그 가격마저 시간이 흐르는 동안 다시 반등했으니 큰 틀에서 보면 집값은 우상향하는 그래프를 그려왔다고 볼 수 있다.

즉 돋보기로 자세히 들여다보면 떨어진 시점이 있기도 하지만 멀리

 미분양이란?

아파트를 청약하면 매번 경쟁률이 치열할 것 같지만 분양가를 너무 높이거나 입지가 좋지 않은 곳일 경우 미달 사태도 벌어진다. 이 경우 결국 분양이 안 되면 미분양이 난다. 입주 때까지 분양이 되지 않으면 분양가를 조금 낮추는 등 할인 판매를 진행한다. 이런 물량을 잡는 것도 방법이다.

국토교통부에서는 지역별 미분양 물량이 얼마나 되는지 통계를 발표한다. 미분양 물량이 줄었는지를 보면 부동산 시장이 얼마나 개선됐는지 나빠졌는지를 확인할 수 있다. 2기 신도시 중 하나였던 경기 김포 한강신도시는 분양 물량이 몰리면서 미분양 적체로 '미분양의 무덤'이라 불렸지만 2015년부터 부동산 시장이 개선되면서 미분양 물량이 모두 소화된 것은 물론이고 분양가와 청약경쟁률 상승으로 이어졌다.

부동산 투자를 잘한다는 것

떨어뜨려 보면 우상향하는 그래프를 그렸다는 뜻이다. 자장면이 1000원 하던 시절이 있었지만 지금은 7000원까지 올랐듯 집값도 재화 중 하나로 물가처럼 오르기 때문이다. 여기에 부동산은 땅이라는 희소하고도 유한한 자원이 더해지면서 그 상승세를 더한다. 특히 서울의 아파트는 그보다 더 희소한 '서울의 땅'이란 가치를 등에 업고 더 크게 올랐다. 우리의 소득보다 더 빠른 속도로 말이다.

KB국민은행에 따르면 서울 아파트 PIR은 지난 2015년 1분기 7.6에서 대체로 올라 지난 2021년 3분기 역대 최고치인 13.6을 기록했다. PIR이란 가구 소득 대비 주택가격의 비율을 일컫는다. 2015년 서울에 집을 산 가구의 소득 대비 집값의 차이가 7.6배에 달했다면 2021년에 들어서는 그 비율이 13배에 달했다는 뜻이다. 그만큼 차이가 더 벌어졌다는 것이다. 소득이 오르는 것보다 집값이 더 오르면서, 근로소득으로 집을 사기가 더 어려워졌다.

앞으로 저성장 고금리 시대가 계속될 테고 우리의 연봉은 더디게 오를 확률이 높다. 앞으로 근로소득에만 의존할 수 없는 시대가 올 것이다. 그렇다고 부동산 전업 투자자가 되어야 한다는 게 아니다. 집 30채를 사고 빌딩주가 되어야 성공한 인생이란 뜻도 아니다. 그저 부동산은 외면하기에 너무 중요한 존재라는 것, 아는 만큼 우리의 삶을 풍요롭게 만들어줄 수 있을 것이라는 의미다.

2

집 구할 때,
발등에 불 떨어지는 이유

    부동산 공부를 해본 적 없는 청년들은 집을 구할 때마다 발등에 불이 떨어진다. 부모에게 독립했으니 살 집을 구해야 하는데 부동산을 알아보려고 해도 도통 모르는 용어투성이다. 월세를 구해야 할지 전세를 구해야 할지, 구하면 어디에 구해야 할지, 뭐부터 알아봐야 할지 막막할 뿐. 돈은 어떻게 마련해야 할지 걱정이고, 나쁜 집주인 안 걸리고 사기 안 당하면 다행이란 생각이 솟구친다.

    우리가 집을 구할 때마다 난관에 부딪히는 이유는 살면서 단 한 번도 부동산에 대해 배워본 적이 없기 때문이다. 배우기는커녕 부동산이란 말조차도 접해보지 못하고 성인이 되는 경우가 다반사다. 세계적으로 학업 성취도가 높은 국가 중 하나로 꼽히는 대한민국의 정규 교육 과정에 부동산 관련한 내용을 다루지 않는다는 점은 참으로 의아하다.

        부동산 투자를 잘한다는 것

그 많은 수학과 과학 공식을 달달 외우지만 정작 살면서 평생 써먹을 부동산에 대해서는 '1'도 배운 적 없다니! 정규 교육과정은커녕 이를 가르쳐주는 부모도 보기 드문 것이 현실이다.

간혹 부동산에 밝은 어머니가 자식들이 결혼하거나 독립하기 전에 집을 마련할 수 있도록 인사이트나 가이드를 주는 경우를 종종 봤다. 시드머니를 마련할 수 있도록 재테크를 도와주거나 집을 구할 때 같이 보러 다니면서 조언해주는 식이다. 이것이 어린 나이에 부동산에 입문하는 데 엄청난 도움이 된다. 반면 부동산 인사이트는커녕 도리어 부정적 인식만 심어주는 나쁜 사례도 있다. 부모 역시 제대로 배워본 적이 없거나, 과거 한두 번 실수로 부동산으로 막대한 손실을 입은 경험이 있는 부모로 인해 부동산은 투기라 거래하는 것을 죄악시하는 식이다. 아니면 아예 부동산에 무관심한 부모도 있다. 이런 부모 아래에서 성장한 자녀들은 독립해서 사회에 나오면, 그때부터 정글에 내던지듯 부동산 관련 문제들을 스스로 해결해야 한다. 제대로 된 부동산 경험이나 공부를 하지 못한 채 50~60대가 되면서 다세대 월세방을 여전히 벗어나지 못 해 주거 불안에 시달리는 사람도 상당하다.

그렇다면 내 집은 언제 구해야 할까? 계약이 끝날 때 구하면 된다고 생각하면 오산이다. 진정한 부동산 고수는 계약 시점에 맞추는 게 아닌 시장 흐름에 초점을 맞춘다. 내가 괜찮은 시점이 아닌, 시장이 괜찮은 시점이 언제일지 주목하며 계획을 짜는 것이 중요하다. 그렇기에 시장을 늘 주시하면서 어느 타이밍에 어떤 집을 어떤 방식으로 구하는 게 최선일지 판단하고 결정하는 게 필요하다. 이때 위험 요소는 무엇인지, 이를 피하기 위해 무엇을 준비해야 할지, 내게 유리한 선택은 무엇인지, 이왕이면 어떤 결정을 내리는 게 좋을지, 등을 복합적으로 따져봐야 한다. 이것이 부동산 공부의 핵심이다. 부동산은 나와 내 가족이 안전하게, 많은 시간 내맡기는 곳이자, 전 재산을 쏟아붓는 중요한 공간이다. 단순히 시세차익을 노리는 투자 대상으로만 여겨서는 안 된다. 까딱하다간 법적인 분쟁에 휘말려 전 재산을 날릴 수 있고, 이 일로 몇 년을 마음고생할 수도 있다. 반대로 집이 복덩이가 되기도 한다. 집 한 번 잘 샀다가 일이 잘 풀려 몇 년을 승승장구한 사례를 주변에서 종종 봤을 것이다. 편안한 집에서 삶의 질도 높아진다. 이런 소중한 가치를 지닌 집에 대한 것을 가르쳐주는 곳이 단 한 곳도 없다니!

심지어 부동산의 중요성이 비하된다. 우리 사회는 청년들의 부동산 공부와 관심을 돈 먹고 돈 먹기 식으로 '부동산=투기'란 프레임을 씌운다. 부동산을 공부하는 일을 불로소득을 노리는 일로 치부하곤 한다. 부동산은 투기가 아니다. 부동산 공부의 본질은 내가 살 집을 현명하게 고르는 방법을 배우는 일이다. 그러니 미리 공부해야 한다. 그 중요한 공부를 사회에서 아무도 가르쳐주지 않는다는 것을 빨리 인지하고, 스스로 시작해야 한다.

부동산 투자를 잘한다는 것

3

집값 떨어져서 외면?
당신은 거꾸로 움직이고 있다

이렇게 말하면 한숨 쉬는 부린이들이 있다. 중요한 것은 알겠는데 시작하기에 너무 늦은 것 아니냐고 말한다. 이미 집값이 너무 많이 오른 것 같다면서. 문재인 정부에서 집값이 천정부지 올랐는데 이미 '고점' 아니냐고 묻는다. 큰 틀에서 보면 집값이 우상향한다지만 올라도 너무 많이 올라 이제는 집값이 떨어질 일만 남은 것 같다고 한다. 지금 집을 사는 건 상투를 잡는 일 아니냐는 푸념이다. 자금이 넉넉하지 않아 대출을 많이 받아야 하는 '영끌족(영혼까지 끌어모아 투자한 사람들)'들은 자칫 잘못하다 하우스푸어(집값 떨어져 대출 갚느라 가난해진 사람)로 전락하게 될까 우려한다.

집값은 떨어질 수도 있다. 실제로 지난 2021년 하반기부터 부동산 시장의 주택 거래량은 줄어들고 있다. 문재인 정부에서 집값을 잡겠다며 은행권 대출을 규제했고 다주택자의 투자수요를 막겠다며 세금 부담을 확대했다. 그 결과 주택 수요가 줄었고 다주택자의 증여가 증가, 거래 절벽이 계속되면서 전국 아파트 가격이 하락세로 전환했다. 물론 그동안 집값이 급격히 오른 것을 고려하면 이 정도는 떨어진 것도 아니다. 사실상 집값 그래프는 멈춰 있다고 보는 게 맞을 듯 싶다. 윤석열 정부가 들어서면서 기준금리가 인상되고 있다. 대출 규제를 완화한다지만 완전히 풀어주는 것이 아닌 상황, 주택 수요도 한정될 수밖에 없다. 집값이 급격히 오른 지역을 중심으로 더 떨어질 여지도 충분하다.

물론 집값이 오를지 떨어질지 그 누구도 정확히 알 수는 없다. 집값

기준금리란?

자본주의 사회의 근간이 되는 것이 있으니 바로 '돈'이다. 물건을 사거나 서비스를 이용할 때 돈을 내는데, 이 돈을 이용할 때도 돈을 낸다는 사실! 가령 돈을 빌려 쓸 때 돈을 이용한 일종의 요금으로 돈을 낸다. 가령 은행에서 돈을 빌리면 이자를 내는 것이 해당된다. 돈의 값을 얼마나 치를 것인지는 그때그때 은행과 같은 금융기관에서 요구하는 이율에 따라 달라진다. 물건값이 물건에 따라 가게에 따라 다르듯 이율도 때에 따라 어느 금융사냐에 따라 얼마의 이율을 적용하느냐에 따라 다르다.

그럼에도 불구하고 이 이율이 천차만별 다른 게 아니라 기준이 되는 일정 이율이 있고 거기에서 출발해서 조금씩 다르다. 그 기준이 되는 이율이 있으니 바로 '기준금리'다. 이것은 은행들의 엄마라고 불리는 '한국은행'에서 정기적으로 금융통화위원회라는 회의를 열어 대내외적인 경제 상황을 살핀 뒤 결정한다. 은

부동산 투자를 잘한다는 것

행들은 한국은행에서 돈을 융통한 것을 기반으로 우리에게 빌려주기 때문에 이한국은행에서 정한 기준금리를 기반으로 자신들이 이득을 취할 만큼 금리를 더해서 대출해줄 때 대출이자를 산정한다.

그런 만큼 이 기준금리가 인상되면 은행권의 대출금리도 따라 오르는 경향이 있다. 기준금리가 오르면 대출금리가 오르고 결과적으로 우리가 대출받았을 때 부담도 커지게 된다. 집을 살 때 대출을 받으려고 해도 부담이 될 테니 이전보다 집을 사려는 사람들이 줄어들게 된다.

현재 기준금리가 얼마인지 알아보려면 한국은행 홈페이지에 들어가면 된다.

한국은행 홈페이지

은 다양한 요소가 복합적으로 작용한 끝에 결정되기 때문이다. 새 정부 부동산 정책이 시장에 어떻게 작용할지도 지켜봐야 한다. 하지만 이것과 별개로 부린이라면 부동산을 외면해서는 안 된다. 집값이 오르든 떨어지든 부동산 공부를 해야 한다. 집값이 혹여 떨어진다면 오히려 기회라고 생각하고 열심히 준비해야 한다. 만약 집값이 떨어져서 외면한다면 여러분은 반드시 후회하게 될 것이다. 집값이 오른다면 오르는 대로 공부해야 하고, 떨어지면 기회로 삼아 더 열심히 준비해야 한다.

부린이는 지금 당장 집을 살 수 있는 충분한 자금이나 인사이트를 갖고 있지 않을 확률이 높다. 집을 언제 사야 할지, 어디에 사야 할지,

어떤 방식으로 사야 할지 고민부터 해야 한다. 이를 위해 얼마의 자금을 모아야 할지, 어떻게 마련해야 할지 고민하는 것부터 시작해야 한다. 시간도 필요하다. 그러니 집값이 떨어지는 조짐이 보인다고 '에라이 포기해야겠다'라고 생각하는 것이 아니라 오히려 '지금이 기회다'라고 좋아해야 한다.

집값은 한없이 떨어지지도 오르지도 않는다. 계속 떨어진다면 적정 시점이 되었을 때 저가 매수 타이밍으로 여겨 투자하려는 사람들이 생겨날 것이다. 그럼 가격은 다시 오른다. 그렇다면 그 시간을 공부와 준비의 기간이라고 생각하자. 열심히 돈을 모으고 공부하고 임장을 다니며 좋은 매물을 물색하자. 그리고 집값이 떨어졌을 때 좋은 매물을 알아보는 안목을 극대화한 뒤 적합한 매물을 잡는 것이다. 진정한 부동산 고수들은 부동산 시장이 침체되었다는 말이 나올 때, 열심히 임장을 다닌다는 사실을 기억하자.

4

뉴스 따라, 주변 사람 따라
움직이면 뒷북 친다

"엄마 친구 아들, 재작년에 산 아파트 3억 원 올랐다더라."

그야말로 '엄친아'인데 아파트 투자도 잘했는지 재작년에 산 아파트가 3억 원이 올랐다고 한다. 특히 2020년~2022년 집값이 급등하면서 당시 집을 산 사람들은 수억 원씩 차익을 얻다보니 주변에서 이런 말한 번씩 들어봤을 것이다. 그런데 부동산에서 주의할 점이 있다. 주변 얘기를 듣고 투자했다가 뒷북 칠 수 있다는 점이다.

부린이들은 평소 부동산에 관심을 크게 두지 않고 살아간다. 그러다 주변에서 누군가 집을 사서 돈을 벌었다는 소문을 듣게 된다. 그제야 '나도 집을 사볼까?' 하고 고민하기 시작한다. 그리고 알아본다. 움직인다. 결정한다. 본인은 누군가에게 소식을 듣고 나름 고민해서 신중히 결단을 내린 것이겠지만, 이 시간은 부동산 시장의 판이 바뀔 수 있는 긴 시간이기도 하다. 누군가 부동산을 매수하기에 좋은 타이밍이었다면, 어느 순간 매도하기에 좋은 타이밍으로 판도가 전환됐을 수 있다는 것. 엄마 친구 아들이 집을 샀다고 했을 때 샀어야 한다. 하지만 집값이 크게 오르고 소문이 난 것을 내가 전해 들었으니, 그 엄친아가 집을 사고 한참 뒤에 움직인 꼴이 된다. 그 이후 공부하고 알아보고 고민해서 신중히 결단을 내린 그 시점에 매수했으니 말이다. 엄친아가 소위 가격이 '무릎일 때' 샀다면, 그게 오르고 올라 부린이는 '상투'에서 사게 되는 셈이다. 부린이들이 흔히 겪는 실수 중 하나다.

왜 이런 일이 생기는 걸까? 본인 스스로 부동산 시장의 움직임을 읽고 판단한 결과 결정하는 게 아닌 주변 지인들의 성공 스토리를 듣고 휩쓸려 들어가기 때문이다. 뉴스나 미디어, 지인 등의 이야기를 듣고 움직이면 한 발 아니 그 이상 늦게 되는 것은 당연하다.

이건 비단 부동산만이 아니다. 주식을 비롯해 모든 투자시장에서도 통용되는 이야기다. 개미(개인투자자)들이 주식투자에서 망하는 이유도 이와 비슷하다. 누가 돈을 벌었다는 이야기를 듣고 같은 종목 매수에 들어가면 소위 '물린다'고 한다. 주변 사람의 성공 신화에 눈이 멀어 고점에 들어가게 되고, 그 후 시장이 안 좋아 손해를 봐도 아까워서 매도도 못하는 상황을 말한다. 그러니 남들이 좋다는 것, 남들이 돈 번다는 것만 듣고 뒤늦게 따라 들어가는 식의 투자는 지양하길 바란다.

부동산 뉴스로 뒷북치는 과정을 살펴보자. A라는 부동산 대책, 구

부동산 투자를 잘한다는 것

체적으로 청약 규제를 완화한다고 가정하자. 이 같은 부동산 대책이 발표되면 기자들이 이를 설명하는 기사를 쓴다. 이번 대책은 어떤 내용인지, 이것이 의미하는 바는 무엇인지, 앞으로 시장은 어떻게 움직일 것인지, 그렇다면 누구에게 유리하고 불리한지 등을 분석하는 식이다. 부동산 업계에 내로라하는 전문가들이 총 출동한다. 이번 대책으로 집값이 오를 것인지, 실수요자라면 다주택자라면 어디를 주목해야 하는지 등 온갖 전망도 나온다.

가령 전문가들이 '지금 수도권에 집을 사야 한다'는 전망을 일제히 내놨다고 치자. 발 빠른 사람들은 이미 집을 살 적절한 타이밍을 노리며 자금을 장전한 채 기다리고 있던 터라, 이런 이야기가 시장에서 흘러나오자마자 바로 움직인다. 그동안 꾸준히 임장을 다니며 저평가됐던 지역과 매물을 눈여겨봐 뒀던 터라 이런 소식이 들리면 옳다구나 지금이 기회구나 싶다. 기자들도 정책이 나온 뒤 반응을 기다리는데, 때마침 이런 움직임이 포착되면 취재에 돌입한다. 최근 수요가 늘어나면서 거래가 활발히 이뤄지고 있으며, 이것이 집값 상승으로 이어진다는 기사가 나온다. 뉴스가 점점 알 만한 사람들에게 알려지고 난 뒤, 몇 개월이 한참 지난 뒤에서야 부린이 귀에 들어온다. 그때는 이미 살 사람은 다 샀고 집값도 어느 정도 올랐을 때다. 즉, 투자자들은 시세차익을 어느 정도 봤을 때다. 그나마 부린이들이 그때라도 바로 움직이면 다행이다. 하지만 부린이들은 아직 준비된 게 없다. '그럼 나도 한 번 사볼까?' 고민을 그제야 시작한다. 그럼 돈은 어떻게 마련해야 하지, 이 정책은 뭐지 고민하기부터 임장을 다녀볼까 생각하는 것에도 몇 개월을 쓴다. 분명 뉴스에서 정책을 발표했고 집을 사기에 좋은 타이밍이라고 한 것도 들었다. 나름 공부도 열심히 하며 움직인 것 같은데, 이상하게도 고점에서 매수하게 되는 상황이 만들어진다.

그러니 뉴스나 미디어에서 나온 말, 주변에서 돈 벌었다는 말을 듣고 움직이면 늦다. 그와 상관없이 평소에 늘 공부하고 준비해야 하는 이유다. 시장을 읽고 스스로 판단해야 한다. 주변의 믿을 만한 전문가의 조언이나 뉴스나 미디어 등은 '참조'만 하고, 그동안 자신이 쌓은 식견을 기반으로 결단을 내려 행동에 옮겨야 한다.

5

부모도 노후자금이
필요하다

　과거와 달리 부모가 자녀에게 집을 사주기 힘든 시대가 되었다. 100
세 시대, 부모들은 건강에 문제가 없는 한 대체로 100세까지 살 것이
다. 그런데 은퇴 연령은 제자리걸음으로, 전문직이 아니거나 노후를
철저히 준비하지 않았다면 약 30년을 소득 없이 살게 된다.

　그렇다 보니 과거처럼 자녀가 결혼할 때 신혼집을 사준다는 것은
정말 어렵다. 심지어 집값이 당시에 비해 훨씬 올랐다. 요즘 부모님들
은 본인들의 노후 준비하기도 힘에 부친다. 가끔 TV에서 자녀의 결혼
준비와 신혼집을 마련해주기 위해 거주하던 집을 팔고, 자신은 월세로
옮겼다는 사연이 소개되곤 한다. 그렇게 부모님의 노후자금까지 끌어
다가 집을 샀다고 하자. 과연 앞으로 기대수명이 길어진 요즘, 부모님
을 봉양할 수 있을까? 물가상승률 대비 근로소득 상승률이 크지 않으

니 청년들도 효도 여부를 떠나 이 질문에 흔쾌히 답하기는 어려울 것이다.

그러니 집값을 보태주거나 집을 사줄 수 있는 금수저 부모를 만났다면 행운이지만, 그렇지 못하더라고 부모를 원망해서는 안 된다. 지금의 상황에서 부모가 해줄 수 없는 것이 당연하니까.

혹 TV에 나오는 금수저를 부러워한 적 있는가? 부모에게 집 한 채 증여나 상속받지 못하는 자신의 처지를 한탄한 적 있는가?

그렇다면 묻고 싶다. 한 번이라도 치열하게 부동산 공부를 해본 적이 있는지 말이다. 또 스스로 내 집을 마련한 부린이들이 꽤 많다는 사실은 알고 있는지도 말이다. 그런 부린이들을 부러워할 생각은 왜 안 하는가? 자문해볼 때다.

부린이가 필착해야 할
'부동산 마인드셋 7'

빚내는 것을 두려워 마라

우리는 어릴 적부터 부모님이나 선생님에게 '빚내는 것은 나쁜 것' 이란 가르침을 받으며 자라왔다. 저축은 선한 것, 빚은 나쁜 것이라고 배우다보니 빚을 내는 것에 무의식적으로 거부감을 갖는 청년들이 상당하다. 최근 '영끌'해서 '빚투(빚내서 투자)'가 유행처럼 번져 그런 거부감이 이전보다는 줄었지만, 빚에 대해 여전히 부정적 인식을 지닌 부린이가 많은 듯 싶다.

하지만 빚내는 것을 두려워해서는 안 된다. 특히 부동산을 접하기 위해서는 말이다. 빚에는 두 가지 종류가 있다. 좋은 빚과 나쁜 빚. 좋은 빚은 투자를 위해 융통하는 자금이다. 나쁜 빚은 소비를 위해 끌어다 쓰는, 어른들이 그동안 내서는 안 된다며 막았던 빚이다. 이를 구분해야 하는 이유는 부동산에서 후자의 빚은 만들지 않되 전자의 빚은 반드시 내야 하기 때문이다.

부동산은 빚을 이용해야 한다. 이용하면 좋은 것이 아니라 반드시 필요하다. 부동산은 최소 수천만 원에서 많게는 수억 원, 수십억 이상에 달하는 상품이다보니 대출을 받아 구입해야 한다. 작은 힘으로 무거운 바위를 들어올리기 위해 지렛대가 필요하듯이, 적은 돈으로 주택을 구입할 때 대출은 필수다. 이를 빗대어 설명한 것이 바로 '레버리지'다.

만약 10억 원짜리 집을 사려는데 마침 현금 10억 원이 있다면 대출을 받을 필요가 있을까? 물론이다. 그런 현금 부자라고 해도 빚을 내야 한다. 왜냐면 10억 원을 모두 부동산 매입하는 데 쓰면 장기간 큰돈이 부동산에 묶이게 되기 때문이다. 그러다 목돈을 융통해야 할 일이 생긴다면? 이를 적재적소에 활용할 수 없기 때문에 그야말로 비효율적이라고 할 수 있다. 그래서 현금을 가지고 있든 없든 상관없이 대출을 적극 활용하게 된다.

부동산은 은행에서 안전한 자산으로 취급된다. 부동산에 발이 달려 있어 야반도주할 리 없기 때문이다. 그 덕에 우리는 부동산을 담보로 상당히 많은 자금을 대출받을 수 있다. 그러니 빚낸다는 자체를 무조건 두렵고 부정적인 것으로 생각하지 않아도 된다.

다만 소비나 지출을 목적으로 한 빚은 경계해야 한다. 명품백을 사기 위한 빚, 술 마시고 유흥을 위한 대출은 안 된다. 아울러 부동산을

부동산 투자를 잘한다는 것

담보로 대출을 받더라도 자신이 갚아야 할 이자가 감당 가능한 수준인지, 대출이자와 규모가 현재 금융 상황을 고려했을 때 적절한 수준인지 등을 따져보는 현명함도 필요하다.

'부동산＝투기'란 부정적 생각에서 벗어나라

50대에 접어들어도 내 집을 한 번도 소유해본 적 없는 사람도 상당하다. 물론 집이 없다고 불행한 삶도 아니고 잘 못 산 삶도 아니다. 집이 없어도 충분히 행복하고 성공한 삶을 살 수 있다. 하지만 이런 사례의 공통점이 하나 있다. 대체로 이들은 부동산에 대한 부정적 인식을 갖고 있다는 점이다. 집값은 폭락할 것이라든지 집에 재산을 쏟는 것은 낭비라든지, 부동산은 공부할 가치가 없다든지, 부동산에 돈을 쓰는 것은 투기라든지 하는 식이다.

이런 사례를 보면 미디어에서 '부동산＝투기'란 인식을 조장한 것 아닐까 싶다. 언제부터인가 시사 프로그램에서 부동산 시장의 투기꾼 문제를 집중 조명하면서 부동산을 불로소득의 대상이자 문제 대상으로 비춰왔기 때문이다. 물론 부동산 시장의 문제점은 많다. 개선되어야 할 부분이다. 하지만 그것이 '부동산＝투기'를 말하는 것은 아니다. 부동산의 문제점은 개선해 바꾸어야 하는 부분이고, 부동산을 운용한다는 것은 우리의 삶의 공간인 '집'을 다루는 것은 별개의 것으로 이해해야 한다.

부정적인 생각에서 부와 기회는 들어오지 않는 법이다. 물론 가진 돈도 없는데 비정상적인 방법으로 위태롭게 수십에서 수백 채의 집을 사들이는 것은 투기이고 지양해야 한다. 하지만 지금의 부동산 시장을 잘 읽고 내 삶의 공간으로 집 한 채를 마련하고, 여기에 경제적 자유를 얻기 위해 수익형 부동산을 보유하는 것 정도를 투기라고 치부할 필요가 있을지 생각해보자. 나의 투자가 집이 필요한 세입자에게 유용하게 활용되고, 난 그로 인해 경제적 여유를 갖게 된다면 투기가 아닌 투자 아닐까.

또한 부동산 가격이 오르는 것을 보면서 불로소득이란 비판도 받는다. 부동산 공부를 해본 사람이라면 알겠지만 하나의 부동산을 매입하기까지 과정을 보면 얼떨결에 운이 좋아 산 것이라고만 치부할 일은 아니라는 것을 알게 된다. 공부와 노력의 산물인 '투자'의 영역도 있기 때문이다. 옆에서 지켜본 사람 눈에는 아무것도 하지 않고 운으로 거저 돈을 번 것 같다. 하지만 직접 해보면 다르다. 대부분 부동산으로 수익을 얻기까지 그들이 얼마나 많은 공부와 노력을 했는지, 또 용기를 냈는지 말이다.

그러니 부동산은 투기요, 나쁜 것이고 부정적인 것이란 생각에서 벗어나자. 여러분이 살 집에 대한 이야기이자 공부다. 일부 사기꾼들이 투기하고 사기 치던 사건들이 언론에 조명되면서 만들어진 부정적인 이미지에서 벗어나 내가 살 공간에 대한 공부, 앞으로 어디에서 어떻게 살아갈 것인지에 대한 계획을 세우는 것이라는 긍정적인 생각을 하도록 하자.

거창하게 생각 말라, 기본은 자기 자신을 잘 아는 것부터

부동산이 내가 살아갈 공간에 대한 공부라고 한다면 그 기본은 자기 자신을 잘 아는 데에서 출발한다. 부동산 공부를 하자고 하면 일부 족집게 강의를 쫓아다니며 수익이 잘 나오는 지역, 오를 것 같은 단지 등을 찾아다니는 사람들도 많다. 물론 이미 부동산 여러 채를 보유했다면 모르지만, 부린이라면 우선 기본 중의 기본인 자신을 먼저 파악하는 데서 출발해야 한다. 그런 강의를 백 번 듣는 것보다 우선 나를 돌아보는 게 제일 중요하다. 그게 실수를 줄이는 길이다.

집을 구성하는 요소는 수십에서 수백 가지다. 그리고 그 모든 것들을 다 만족시키는 집은 없다. 설사 있다고 하더라도 그런 집은 너무 비싸다. 그러니 우리는 이 요소들 중에서 우선순위를 정해야 한다. 집을 구해본 분들은 알겠지만 이 우선순위를 정하지 않으면 집 구하는 내내 고생을 하게 된다. 이 집도 좋은 것 같고 저 집도 좋은 것 같은데, 아니면 저 집도 별로고 이 집도 별로라는 생각이 든다. 혹은 우선순위를 정하지 않게 되면 어떤 동네에서 살지조차 좁히지 못해 수십 채를 보다 지쳐 쓰러지게 된다. 결국 내가 정말 중요하게 생각하는 것, 포기할 수 없는 것이 무엇인지를 알아야 그것들을 충족시키는 집을 추려나갈 수 있다.

남들이 강이 보이는 집이 좋다고 해서 비싼 값을 주고 샀는데 막상 살아보니 어지럽고 우울함을 느낀다는 사람도 있고, 프리랜서다보니 교통이 좋은 집에 대한 선호도는 그렇게 높지 않다는 사람도 있다. 차라리 숲이 가까운, 도심에서 떨어진 집이 더 좋다는 경우도 있다. 이렇게 좋은 집에 대한 판단 기준은 사람마다 다르다. 나란 사람에 대한 파악을 미리 하지 않는다면 막상 집을 고르고도 다시 번복하는 일이 벌어진다. 평소 세입자로 살고 있더라도 내가 집에서 어떤 요소들을 중요하게 여기는지 메모하거나 숙고하는 시간을 가져보길 바란다.

남이 집 산 것을 부러워하거나 질투하지 마라

'사촌이 땅을 사면 배가 아프다'라는 속담이 있다. 실제 남이 집을 사면 시기 질투하는 사람들이 있다. 그래서 집을 사더라도 샀다는 사실을 주변에 알리지 않는 사람이 있다. 내가 부린이 라디오를 진행하면서 힘들었던 이유도 여기에 있다. 내 집을 마련한 2030세대를 초청해 집 마련 노하우를 인터뷰하는 코너를 진행할 때, 주변에 집을 샀다는 소식이 알려지기를 꺼려하는 사람들이 많아 출연자 섭외하기가 쉽지 않았다. 한 출연자는 1년이 지난 뒤 출연 후기를 전하길, 방송 출연을 후회한다고 했다. 주변에 방송이 나간 뒤 집 산 것이 알려지자 시샘하는 일부 반응에 마음이 좋지 않았다며. "나 같으면 그런 집을 안 샀을 텐데"라거나 "지금 그 집 얼마 하냐"라며 면전에서 집값을 검색하는 사람까지 있었다고 재출연을 고사하기도 했다.

혹여 남이 집 산 것에 질투심과 부러움이 난다면 적어도 앞에서 티 내지 않기를 권한다. 왜냐하면 티를 내는 순간 상대방이 당신 앞에서 이야기를 편히 못하게 되기 때문이다. 그럼 당신에게 집을 사는 과정이나 노하우를 공개하지 않을 것이다.

부동산은 학문이나 이론이 아닌 실물경제 영역이다. 어떤 이론보다 현장에서 집을 산 사람의 생생한 경험이 훨씬 도움이 된다. 현장에서는 거래가 어떻게 이뤄지고 있는지, 매도자 우위 시장인지 매수자 우위 시장인지, 매물은 많이 나왔는지, 현재 대출받기 좋은 환경인지 알 수 있다. 중개 잘 해주는 중개사도 소개받을 수 있다면 베스트다. 누군가는 쉽게 집을 산 것 같지만 집 하나 사기까지 치열하게 고민하는 과정이 필요하다. 그 사람의 축적된 노하우를 전수받을 좋은 기회라고 생각하자. 질투의 대상이 아닌 최고의 정보 제공 대상으로 말이다.

그러니 누군가 집을 샀다고 하면 적극으로 어떻게 집을 샀는지 물어보자. 현재 그 지역 시장 분위기와 집 사는 과정에서의 어려움, 노하우, 팁, 매매 시 주의할 점 등을 상세하게 말이다. 그 사람이 그동안 기울였을 노력과 고생을 알아주면서 우호적으로 다가가면 자신이 경험을 통해 얻은 정보와 노하우를 스스로 알려줄 것이다.

매도 우위, 매수 우위란?

부동산 시장에는 집을 팔려는 자 '매도자'와 집을 사려는 자 '매수자' 양쪽이 만나 거래가 이뤄진다. 양쪽이 대등한 관계로 만나 거래가 이뤄지면 좋겠지만 언제나 힘의 균형이 맞는 것은 쉽지 않다. 때로는 집을 팔려는 사람이 유리할 수 있는 상황이 될 수 있고, 때로는 그 반대가 될 수 있다. 시장 상황이 집을 팔려는 사람이 유리할 때를 '매도자가 우위인 시장'이라는 뜻에서 '매도 우위'라고 표현한다. 그 반대의 경우를 '매수 우위'라고 한다.

가령 A라는 아파트단지 앞에 GTX 노선이 연장될 것이라는 발표가 나오면서 사람들이 몰려든다. 그러면서 매물 품귀 현상이 벌어진다. 매물로 나와 있는 집도 몇 채 안 되거니와 사람들이 못 사서 난리다. 부르는 게 값이라고 한다. 이런 상황이라면 매도자가 우위인 상황일 테니 '매도 우위'라 한다. 매도 우위인 시장에서는 집값이 오르는 경향을 보인다.

반대로 수도권 외곽에 B라는 아파트단지가 있다. 2년 전 KTX역이 들어설 것이라는 기대감에 집값이 3억 원 넘게 올랐는데 사업계획이 무산됐다. 그 소식과 함께 집값이 크게 떨어졌다. 교통이 개선될 여지가 없다는 전망에 집을 하나둘 내놓는 사람들이 늘었지만 매수자는 없는 상황이다. 매도할 사람은 계속 나오는데 매수자는 없는 상황. 점점 가격을 낮추는 매도자가 나타날 때, 이를 '매수 우위'라고 한다. 매수 우위인 시장에서는 집값이 떨어지는 경향을 보인다.

부동산 투자를 잘한다는 것

첫술에 배부르려고 하지 마라

첫 집부터 좋은 집에서 시작하려는 사람이 많다. 넓고 럭셔리하며 뷰가 좋은 집을 첫 집으로 시작하면 얼마나 좋겠냐마는 그런 곳은 모두가 살고 싶어 하는 곳이니 수요가 넘쳐 가격이 비쌀 수밖에 없다. 사회초년생은 엄두도 내지 못할 곳이다. 처음부터 비싼 곳에서 시작하려다가는 아예 시작조차 하지 못할 수 있다.

금수저여서 부모 도움을 받는 게 아닌 이상 처음부터 좋은 집에서 출발하기란 쉽지 않다. 작고 허름한 집에서 시작해서 점차 도심 가까이 이동하는 것을 목표로 하자. 헌 집에서 점차 새집으로, 작은 집에서 큰 집으로, 이렇게 나아가는 것이다. 처음부터 으리으리하고 멋진 집으로 가겠다는 생각을 버리자. 멀리 돌아간다고 생각했던 길이 오히려 더 빠른 지름길일 수 있다.

왜냐면 돈을 모으는 속도보다 집값이 오르는 속도가 더 빠르기 때문이다. 물론 이것은 그 당시 부동산 시장 움직임을 봐야겠지만. 처음부터 돈을 모아 한 방에 꿈에 그리던 드림 하우스로 가는 것보다 비록 첫 집은 마음에 썩 내키지는 않더라도 첫발을 우선 내딛고 조금씩 더 나은 집으로 옮기는 편이 더 나을 수 있다는 뜻이다. 그렇게 옮기다보면 어느새 드림 하우스에 도달해 있을 테니까.

부동산의 70%는 용기로 사는 것

　말이 쉽지 막상 행동으로 옮기는 사람은 그리 많지 않다. 이는 통계에서도 잘 들어난다. 지난 2021년 국토교통부가 발표한 〈2020년도 주거 실태 조사 특성 일반 가구 연구 보고서〉에 따르면 생애 최초 주택 마련 가구주의 평균 연령이 39.9세다. 이는 마흔은 되어야 비로소 첫 집을 산다는 뜻이다. 즉 2030세대 청년들이 내 집을 마련하기란 용기가 필요한 일이란 뜻이기도 하다. 맞는 말이다. 사실 부동산의 70%는 용기로 사는 것이다. 부동산은 내 전 재산은 물론이고 몇 년치 연봉도 끌어다 쓸 정도로 빚을 내서 사야 하다보니 쉽지 않은 일이 맞다. '이 선택이 옳은 일일까? 만약 선택했는데 집값이 떨어지면 어쩌지? 빚을 갚을 여력이 안 되면 어쩌지?' 등 이를 포함한 수많은 결정과 그에 대한 후회를 이겨낼 용기를 내야 하기 때문이다.

　그럼 이 용기는 어떻게 내야 할까? 이때도 대답은 하나다. 공부해야 한다. 용기와 자신감은 근거 없이 솟구치지 않는다. 열심히 공부해서 부동산에 대한 기본기가 쌓였을 때 비로소 생겨난다. 배경지식 없이 갖게 되는 것은 근자감(근거 없는 자신감)에 불과하다.

　만약 아직 아무것도 시작하고 있지 못하고 자신에게 핑계만 대고 있다면, 우선 공부라도 시작하자. 공부하면서 확신이 생기면 용기가 생길 것이다. 부동산은 워낙 거액이 필요하다보니 실패에 대한 두려움도 클 수밖에 없다. 하지만 두려워서 시작도 안 하면 결국 아무 일도 일어나지 않는다. 그리고 아무것도 하지 않으면 긴 시간이 흐른 뒤 후회만 남을 것이 뻔하다. 다음 사례를 살펴보자.

A씨는 26세에 취업했다. 그 이후 보증금 1000만 원에 월 50만 원짜리 월세살이를 시작했다. 혼자 살기에 풍족하지도 부족하지도 않았다. 월세 내고 생활비 쓰고 취미 생활하면 남는 것이 그리 많지 않았지만 적당히 저축도 가능한 정도였다. 가끔 해외여행을 갈 때도 있어 1000만 원도 못 모으는 때도 많았다. 32세에 결혼하려던 사람과 인연이 닿지 않았다. 그렇다 보니 집을 마련해야 한다는 필요성을 느끼지 못해 처음 살게 된 원룸에 그대로 살게 되었다. 중간에 전세로 이사 갈까도 싶었다. 하지만 거액의 전세대출을 받을 용기가 나지 않았고 크게 이사할 필요성도 느끼지 못했다. 게다가 그에 맞는 마땅한 전셋집도 찾지 못했다. 더욱이 원룸 주인이 워낙 친절하고 월세도 한 푼 안 올려서 어영부영 살다보니 서른여섯 살이 되어버렸다. 그러다 보니 아뿔싸, 한곳에서 10년을 살았다.
이곳에서 그렇게 모은 돈은 5000만 원, 여행도 다니고 소비도 하면서 마련한 돈이다. 그다지 힘들이지 않게 모았다. 지금 월세살이도 큰 불만이 없다. 집주인이 워낙 친절해서 마음도 편하다. 그런데 돌이켜 보면 10년 동안 6000만 원을 주거비로 날린 셈이다. 36세인데 주거비는 물론이고 부동산에 대한 경험도 하나 얻은 게 없다. 물론 부동산으로 무언가 시도했다가 돈을 더 날렸을 수도 있다. 그런 것을 생각하면

머리 지끈거릴 일이 없었다는 점, 돈을 잃을 리스크가 없었다는 점에서 다행일 수도 있다. 하지만 30대에 부동산을 두고 치열하게 고민해본 사람의 용기와 경험치는 실로 어마어마할 수 있다. 손해 본 것 없고 지금 충분히 행복하며 5000만 원이란 시드머니도 있다만, 젊은 나이에 더 잘될 수 있는 가능성과 경험치가 없다는 면에서 아쉬울 수 있다. 당신은 A씨의 삶을 어떻게 보는가.

완벽한 때는 없다, 비판은 기자에게 맡겨라

부동산 상황을 두고 불평불만을 늘어놓는 사람들이 있다. 이런 부동산 정책을 만든 정부 때문에 이번 생도 망했다며 푸념을 늘어놓는 식이다. 하지만 여태까지 완벽했던 부동산 시장과 정부는 없었다. 원래 완벽한 시스템이 되기란 쉽지 않은 법이다.

특히 부동산 시장은 모두가 만족할 수 있는 시스템이 되기 힘들다. 1주택자와 무주택자의 입장이 다르기 때문이다. 매도자와 매수자가 다르고, 집주인과 세입자의 상황이 다르다. 어차피 모두를 만족시킬 수 없다.

가령 문재인 정부의 부동산 정책은 성공한 대책일까? 여러분은 최악이었다고 할지 모른다. 하지만 1주택자에게는 대성공이었다. 이번 문재인 정부가 시작할 때 집을 구입한 사람 입장에서 살펴보자. 이들은 문재인 정부 시절, 집값이 역대급 수준으로 치솟는 바람에 돈을 크게 벌었다. 반면 무주택자와 다주택자 입장에서는 이 같은 망할 부동산 시장이 없었다. 무주택자 입장에서는 대출 규제로 자금을 조달할 길이 막혔는데 집값은 비싸니 빚내서도 집을 사기 힘들어졌기 때문이다. 다주택자 입장에서는 세금 부담이 커서 허리가 부러질 지경이었다. 즉 부동산 시장은 어느 때이고 불만인 사람이 나타날 수밖에 없는 구조다. 물론 시장 상황이 어느 한쪽으로 크게 치우치면 안 되겠지만, 누군가에겐 안 좋을 수 있는 상황이 생길 수 있다.

올바른 부동산 공부란 시장 상황을 잘 읽고 그 속에서 내가 어떻게 선택하는 게 가장 현명한 것인가를 판단하는 데 집중하는 것이다. 간혹 부동산 시장 상황이 바뀔 때마다 비판하고 질타하는 사람들이 있다. 이들은 정부를 욕하고 비판하기 바쁘다. 건전한 비판은 꼭 필요하다. 청년들도 의견을 적극적으로 개진해야 한다. 하지만 무조건 "집값 비싸다", "정부 물러나라"는 식의 비판은 자신에게 전혀 도움이 안 된다. 이런 상황에 대한 비판은 기자에게 맡겨두자. 술자리에서 친구들과 안줏거리처럼 매번 푸념 늘어놓을 시간에 당장 정책과 이 시장에서 내가 갖고 있는 자금과 상황으로 최선의 선택지가 무엇인지 전략을 짜는 데 골몰하자. 습관성으로 정부 욕하는 데 에너지를 낭비하다 진짜로 내게 득이 되는 일을 놓치지 말자.

**부린이 탈출 전
꼭 알아야 할 사전지식
2**

월세 탈출, 전세는 징검다리로

우선 좋은 집주인을 만날 수 있을 것이란 안일한 생각을 접어야 한다. 수십 번 이사에 비용과 에너지를 낭비할 수 있다는 사실도 꼭 기억해야 한다. 반대로 집을 마련한다면 내 한 몸 누일 수 있는 아늑한 공간을 갖게 되는 동시에 대한민국에서 희소한 땅을 소유하게 되고, 입지를 잘 고르면 그 가치 상승분으로 자산도 형성할 수 있다. 만약 부동산 상승기를 만난다면 소득 상승분의 몇 배, 몇십 배로 불릴 수 있는 건덤이다. 이런 이유에서 부린이라면 적어도 한 채 정도 실거주 목적의 내 집을 한 채 갖는 것이 유리하다.

처음부터 내 집을 마련하기란 쉽지 않다. 그래서 전·월세, 즉 세입자로 살게 된다. 사회초년생이라면 목돈을 갖고 있기 어렵다보니 월세에 거주하는 경우가 다반사일 것이다. 그래도 최대한 월세방을 탈출할 것을 과감하게 권한다. 전세로 최대한 빨리 갈아타는 방향으로 노력하자. 그래야 시드머니를 아껴 돈을 모을 수 있다. 정말 그런지 월세를 최대한 벗어나는 과정을 통해 구체적으로 살펴보자.

월세는 집주인의 집을 한 달 동안 이용한 사용료를 다달이 내는 방식이다. 그 사용료인 월 임대료가 고스란히 집주인의 호주머니로 들어간다. 서울 5평짜리 원룸의 월 임대료를 보증금 1000만 원에 50만 원이라고 가정해보자. 그렇다면 1년에 600만 원을 쓰게 되는데, 강남권역에 있는 원룸은 월 80만 원이 넘는 곳도 있다. 이런 곳에 거주하면 공과금에 관리비 등을 더하면 주거비로 총 100만 원을 지출하게 된다. 실수령액 월 250만 원 남짓 받는 사회초년생이라면 10평도 안 되는 공간에 살면서 절반 가까운 큰돈을 주거비로 지출하는 셈이다. 직장생활을 해봐서 알겠지만 사회초년생 때 집에서 하는 일이라곤 저녁에 들어와 씻고 저녁 먹고 자는 일밖에 없다. 그 일에 월급의 절반을 쓰는 것이다.

반면 전세를 구한다면 어떨까? 전세는 계약할 때 전세보증금이란 목돈을 집주인에게 지불하고 계약 기간 내내 그 집에서 거주할 수 있는 임대차 유형이다. 계약 시 집주인 호주머니에 들어가지만 다달이 집주인에게 추가로 내는 돈 없이 계약이 종료되면 다시 내 통장으로 돌아오는 돈이다. 결과적으로 내가 집주인에게 내는 돈이 없는 셈이다. 물론 공짜로 사는 건 아니다. 그 목돈을 은행에 넣어두면 이자를 받을 수 있고, 투자하면 수익을 거둘 수 있으며, 어딘가에 쓸 수도 있다. 전세보증금을 낸다는 것은 곧 기회비용을 잃게 되는 것이다. 하지만 부린이 입장에서 2022년 7월 기준 기준금리 2.25%대, 인플레이션으로 물가상승률이 급격한 시대에 월세를 내는 것보다 안정적으로 전세에 사는 게 더 낫다.

자금이 충분치 않은 부린이의 초기 목표는 시드머니를 바짝 모으는 일이다. 하지만 월세에 살면 다달이 주거비로 지출이 계속 나가느라 소비를 조이고 조여도 돈을 모으기가 쉽지 않다. 하지만 전세에 산다면 주거비 지출이 크게 줄어들면서 돈을 모으기가 더 쉬워진다. 50만 원짜리 월세살이를 하지 않는다면 그것만으로도 1년에 600만 원이 절약되기 때문이다. 그러니 최대한 빨리 월세를 벗어나자. 그러기만 해도 시드머니 모으는 속도가 더 빨라진다. 목돈이 없다면 월세에 살아야겠지만, 사는 동안에도 월세를 벗어나 전세로 갈아탈 수 있는 방법은 없을까 고민하는 것이 좋다.

전세보증금을 낼 수 있는 목돈이 있거나, 저렴한 전세 매물을 찾는 것도 현명한 방법이다. 그게 안 된다면 전세대출을 받는 것도 방법이 될 수 있다. 그럼 이렇게 반문하는 사람이 있을 수 있다. 은행에서 전세대출을 받아 이자를 갚는 돈이나 매달 월세를 내는 것이나 똑같은 것 아니냐고. 물론 그렇게 생각할 수도 있다. 하지만 전세대출상품 중에 이자가 매우 저렴한 상품도 많다. 특히 정부마다 청년들을 지원하기 위한 저리의 상품이 출시되고 있다. 내 소득 수준과 조건을 확인해 활용할 수 있는 상품이 있는지 찾아보는 노력을 기울여보자.

그럼에도 이자 부담이 여전히 클 수 있다. 그렇다면 여러분이 갖고 있는 목돈이 아직 너무 적기 때문일 것이다. 종잣돈 대비 대출받아야 하는 금액이 너무 많아서라는 말이다. 전세가 유리한 것은 알겠지만 아직 전세로 갈아타기에는 시기상조라는 것을 의미하는 것이기도 하

부동산 투자를 잘한다는 것

다. 조금 힘들겠지만 월세로 살면서 지출을 조금 더 줄이면서 목돈을 모아보자. 시드머니를 조금 더 모은 뒤 고민해보자. 무엇이 됐든 최대한 월세를 탈출해 전세로 갈아타야 한다. 물론 전세가 최종 목표는 아니다. 전세에 살면 주거비 지출이 거의 없으니 시드머니를 더 바짝 모을 수 있을 테고, 시드머니 모으는 데 박차를 가하면서 내 집 마련의 속도를 높여보자는 뜻이다. 즉 전세를 내 집 마련의 징검다리로 삼자는 것이다.

STEP
3

시작이 반,
시드머니부터 만들어라
뭐부터 시작해야 할지 모르는 부린이들을 위한

이제 막 부동산에 관심을 갖기 시작한 부린이들을 위한 내용을 담았다. 당장 뭐부터

해야 할지, 어떤 공부를 해야 할지, 경제기사 등 어렵고 복잡한 부동산 세계를 어떻게

탐구해나갈지 조목조목 담았다. 이제 시작이다. 지금 당장 움직인다면 기회는 온다.

집값은 떨어지고 있고, 열심히 공부하면 매수 타이밍은 또 한 번 올 것이다.

1

골프채도 휘둘러야 늘고, 복권도 사야 당첨된다

그럼에도 우리가 주식과 달리 부동산에 크게 관심조차 갖지 않는 이유가 있다. 부동산이 워낙 '넘사벽(넘을 수 없는 사차원의 벽)' 수준으로 비싼 상품이기 때문이다. 특히 최근 뉴스에서 나오는 부동산 가격을 들어보면 강남 집값이 수십억 원에 달하니, 숨만 쉬고 월급을 다 모아도 10년 안에 집 한 채 살 수 있을까 싶을 것이다. 그러니 부동산 공부는커녕 관심조차 가질 생각도 들지 않는 것이 당연하다.

주식이나 펀드, 코인 투자는 10만 원, 아니 만 원만 있어도 가능하다. 알바비는커녕 세뱃돈이나 용돈을 쓰고 남은 돈으로 충분히 시작할 수 있는 규모다보니 한 번 시도라도 해볼까 하는 가벼운 마음으로도 입문이 가능하다. 하지만 부동산은 최소 수천만 원은 있어야 하다보니 시작할 엄두조차 내질 못한다. 그래서 관심도 안 생긴다. 어차피 내가 하지도 못할 건데 알아서 뭐해, 이런 식이다. 청년들 입장에서 부동산이 주식이나 펀드보다 훨씬 중요하고 더 먼저 알아야 하는 것인데도, 이런 점 때문에 관심을 갖기까지 오랜 시간이 걸린다.

그럼 어떻게 해야 할까? 고리타분한 말이지만 '시작이 반'이란 말이 있다. 정말 시작이라도 하면 저절로 관심이 생긴다. 물론 다른 분야에 비해 '시작'하기가 어려운 것이 사실이다. 초기 투자금이 많이 필요한 분야다보니, 돈을 모으는 것이 시작이기 때문이다. 그게 부동산 공부의 절반이기도 하다. 초반에 부동산 투자를 위해 모으는 자금을 투자의 씨앗(seed)이 된다고 해서 '시드머니'라고 한다. 시드머니가 어느 정도 모이면 이것으로 당장 빌딩이나 땅, 오피스텔이나 아파트 등을 사지는 못하더라도 뭔가를 해볼 수 있지 않을까 궁리하게 된다. 그러면서 부동산에 관심을 갖게 되고 공부하게 된다. 부동산에 입문하게 된다. 약간의 자금을 보유해 공부를 시작하는 사람과 아예 할 수 없다고 관심조차 갖지 않는 사람 사이에 어마어마한 격차가 생긴다. 그러니 우선 부동산 투자를 위한 시드머니부터 만들어보자.

골프도 마찬가지다. 코로나19가 확산되면서 해외여행이 막히자 국내로 눈을 돌린 사람들 사이 유행처럼 골프가 번졌다. 고가의 취미생활로 여겨지던 골프가 이제는 20~30세대 사이에서 유행하며 자리 잡는 분위기다. 주말이면 골프 치러 삼삼오오 모이는 사회초년생 모임도 상당하고, 유튜브에도 골린이(골프 어린이)를 위한 영상이 다수 올라온다. 그 바람에 골프 장비나 회원료 등이 저렴해졌다고 한다. 하지만

부동산 투자를 잘한다는 것

사회초년생에게 여전히 다른 취미보다 비용 부담이 큰 것은 사실이다. 그렇다고 집에서 유튜브를 보면서 백날 눈으로만 익힌다고 골프를 잘칠 수 있을까? 매일 두 시간씩 유튜브 보며 '눈'으로 꾸준히 배워도 일주일에 한두 번 필드에 나가 채를 직접 휘두르는 것만 못할 것이다. 즉 제대로 배우려면 직접 쳐봐야 실력이 는다. 골프채 하나 사서 스크린 골프장에서라도 직접 쳐보는 것과 동영상만 백날 보는 것은 천지 차이란 말이다.

부동산도 비슷하다. 유튜브를 보고 책만 열심히 읽는 것만으로 관심이 생기지 않는다. 우선 돈을 모아야 한다. 그래야 '이 돈으로 청약이라도 넣어볼까?' 하면서 청약 단지도 검색해보게 되고 모델하우스에 가서 상담도 받아보며 조금씩 관심을 갖게 되는 것이다. '내가 무슨 돈이 있어서 그렇게 큰돈을 모으냐', '수억 원을 어떻게 만드냐', '그러다가 시작도 못 하겠다'며 고개를 젓는 분이 있을 텐데, 그렇게까지 안 해도 충분히 시작할 수 있다.

실행의 중요성은 강조해도 지나치지 않는다. 대표적인 것이 청약이다. 부린이들은 청약에 당첨되면 좋다는 것을 다 알면서도 시도조차 하지 않는 경우가 대다수다. 이유는 어차피 당첨 안 될 것 같아서다. 신문기사나 미디어에서 요즘 청약 당첨률이 로또에 가깝다 하니 포기하기 일쑤다. 물론 문재인 정부에 들어서 소형 평수의 가점제 비율을 높이면서 1인 가구 청년의 경우 가점제로 청약을 넣으면 당첨 확률이 거의 없는 것이 사실이다. 하지만 미달되는 단지도 있고 설사 떨어진다고 하더라도 청약을 넣으며 배우는 소중한 경험을 얻을 수 있다. 로또에 당첨될 확률은 극도로 낮지만, 로또를 사지 않으면 당첨될 기회조차 갖지 못한다는 것을 알아야 한다. 부린이에게는 집을 사기 위해서 도전하며 배우는 것이 중요하다는 점도 잊지 말자.

부동산 투자를 잘한다는 것

2

시드머니가 곧
자신감이다

    부동산 분야는 학문이 아닌 실물경제 영역이다. 그런데 아직 나는 돈도 없고 집을 살 형편도 되질 않으니 유튜브나 보고 책이나 읽어야지 하면 도움이 될까? 아니다. 뭐라도 해볼까 하는 마음으로 발로 뛰고 현장에 다니면서 조언도 듣는 게 훨씬 도움이 된다. 그런데 부동산은 몇 십만 원의 필드비와 캐드비를 지불하고 경험하는 것과는 또 다르다. 아무리 저렴한 빌라 한 채도 수천만 원이기 때문이다. 주변 친구들이 "돈 없으면 뭐 어때! 중개사무소나 모델하우스에 같이 가보자"라고 한다. 그런데 웬걸, 부동산에 대해 아무것도 모르는 게 티 날까 봐 겁이 난다. '나중에 집 구하게 될 때 가면 되겠지' 하며 미루게 되는데, 막상 그때가 되면 늦는다.

    반면 돈이 있다면 어떨까? 굳이 지금 빌라든 아파트든 살 생각이 없더라도 수중에 여윳돈이 조금 있다면 이야기는 달라진다. 당신의 통장 잔고가 5억 원 정도 있다고 가정해보자. 게다가 주말에 시간도 있다면? 마침 집 앞에 모델하우스가 문을 열었다. 시간도 있는데 구경이나 한 번 가보는 건 어떨까? 요즘 서울 마포구의 부동산 시장은 어떤지, 여기에 아파트 입지는 어떤지, 교통망은 잘 뚫려 있는지, 분양가는 적당한지 살펴보는 것이다. 간 김에 청약 상담도 받아볼 수 있다. 그리고 다녀와서 궁금한 점이 생겼다면 이승주 기자의 '부린이 라디오'도 들어보고, 관련 기사도 검색하면서 읽어보면서 말이다. 이번 기회에 포털 사이트 커뮤니티에서 마포구 지역 커뮤니티가 있는지, 동네 사람들과 분위기는 어떤지 살펴본다. 이것이 전부 공부로 이어진다. 돈이 있으면 궁금한 게 생기고 자신감도 붙고 알아보고 싶어지면서 꼬리에 꼬리를 물고 찾아보게 되니 말이다.

역시 부동산은 주식이나 코인보다 진입장벽이 너무 높다며 한숨부터 나올지 모르겠다. 10만 원만 있어도 삼성전자 주식을 사고도 남는데 말이다. 이런 생각에 벌써 이 책을 덮고 싶은 마음이 들 수 있다. 하지만 부동산에도 매력이 있다. 진입장벽이라는 높은 허들을 넘으면 그다음부터는 가속도가 붙어 더 쉬워지는 게 부동산이다. 처음 입문하는 허들이 높을 뿐 그다음부터는 원리가 비슷해 술술 풀리게 된다. 그래서 부동산은 버는 사람만 버는 분야라고 하는 것 같다. 첫 허들이 너무 높아 보이니 엄두를 못 내는 사람들이 많다. 첫 시드머니를 모을 때까지 잘 참아내고, 부동산에 입문한다면 그 이치를 깨닫고 계속 부를 일

부동산 투자를 잘한다는 것

귀낼 수 있다.

시드머니를 모으는 데 왕도가 없다지만 이왕이면 더 빨리 모으는 법은 없을까? 주식이나 코인 등 재테크 정보가 넘쳐나다보니 '시드머니 모아 주식'을 하는 게 나을지 '주식을 해서 시드머니'를 모으는 게 나을지 궁금해진다. 갖고 있는 돈으로 주식이나 코인을 해서 시드머니를 불려볼까 싶다면, 어느 정도 시드머니가 모일 때까지는 인내하며 기다리길 추천한다.

시드머니가 애초에 적은 사회초년생 입장에서 적은 돈으로 재테크해봤자 큰 수익을 거두기 힘들기 때문이다. 소액으로 대박을 냈다는 성공 사례로 희망을 갖는 것은 위험하다. 남들이 주식이나 비트코인에 투자해서 성공한 이야기를 들었을 때는 쉬워 보이지만 여기에도 많은 공부가 필요하다. 약간의 여윳돈으로 주식과 비트코인 등에 공부할 셈으로 투자해보는 것은 좋지만 그동안 모은 전 재산 1000만 원, 2000만 원을 올인해서 투자하는 것은 권하지 않는다. 그러다 힘들게 모은 그 시드머니마저 홀랑 날리고 그것을 되찾겠다고 빚까지 내서 투자하다 그마저도 몽땅 날린 경우를 취재하며 정말 많이 봐왔기 때문이다. 재테크가 그렇게 쉬우면 왜 우리 모두 부자가 되지 않았겠나. 실패 사례는 성공 사례만큼 미디어에 노출되지 않는다. 그 점을 유념하자.

또한 시드머니가 적을 때는 우선 크게 만들고 난 뒤 재테크하는 게 더 효율적이다. 적은 시드머니에서 큰돈을 벌기 쉽지 않다. 시드머니가 커야 거기에서 재테크를 했을 때 큰돈이 벌린다. 돈도 금액이 클 때 돈을 벌어오는 힘이 세지기 때문에, 우선 시드머니 규모를 키우면서 재테크와 부동산 공부에 매진하는 편이 낫다. 아직 재테크 공부가 설익은 상태에서 그나마 모은 돈을 올인하면 어떻게 될까? 정작 재테크 공부가 완료돼 실전에 돌입할 수 있을 때가 됐을 때는 돈이 없어 실전 투자를 못할 수 있다.

부동산 투자를 잘한다는 것

3

왕도는 없다,
1억 원부터 모아라

무조건 시드머니부터 모아야 한다라고 하면, 이렇게 반문할 것이다. 5억 원이나 10억 원 같은 큰돈을 어떻게 모을 수 있냐고. 내 월급이 얼마인지는 알고 하는 소리냐고. 월급 한 푼 안 쓰고 모아도 절대 모을 수 없는 돈이라고 말이다. 그렇게 말할 것 같으면 '돈 모아서 부동산에 관심 가져라'는 소리는 나도 하겠다면서.

자, 진정하고 차분히 생각해보자. 부동산에 관심 갖기 위한 시드머니는 부동산의 실제 금액만큼 많이 있을 필요는 없다는 사실을 아는지. 그래서 부동산에 입문하려는 사회초년생에게 시드머니로 1억 원을 추천한다. 이 금액은 '부린이 라디오' 팟캐스트를 2년 넘게 진행하며 수많은 2030세대 사례를 인터뷰한 결과와 부동산 기자로 취재한 내용, 전작 《토익보다 부동산》을 쓰면서 수집한 내용을 바탕으로 추산한 금액이다. 이 정도면 꾸준한 소득을 내고 있는 2030세대라면 충분히 달성 가능한 시드머니 규모라고 생각한다.

물론 각자의 소득 규모와 개인적인 환경 등에 따라 목표 달성 기간은 다를 수 있다고 생각한다. 가령 취업을 늦게 할 수밖에 없는 상황에 처해 있거나 소득이 너무 적은 기업에 다니고 있다면 힘들 수도 있다. 이런 경우 굳이 시드머니를 1억 원까지 모을 필요는 없다. 이보다 더 저렴한 주택에서 시작해도 된다. 서울 및 수도권이 아닌 지방에 1억보다 훨씬 적은 돈으로도 접근 가능한 건실하고 꽤 괜찮은 주택도 많다. 그럼에도 불구하고 시드머니 1억 원을 목표로 정한 이유는 그 정도로 잡아야 그에 근접한 금액이라도 모을 수 있기 때문이다. 목표를 크게 잡아야 달성 금액도 크다는 사실!

1억 원을 목표로 잡기를 권하는 또 다른 이유는 사회초년생 때가 돈 모으기 가장 최상의 시기이기 때문이다. 친구들을 만나고 이성 친구와 데이트하며 쓰는 돈이 많아 힘들다? 하지만 오히려 이 시절이 택시 타는 대신 걸어 다닐 수 있을 정도로 체력이 받쳐주고 호텔 카페가 아닌 공원 벤치에서 자판기 커피를 마셔도 행복할 때 아닌가. 결혼하고 출산하게 되면 상황이 달라진다. 아이가 아프면 반드시 나가야 하는 지출이 생긴다. 아이 교육비나 양가 부모님께 드리는 용돈까지, 원치 않아도 고정적으로 나가는 지출이 늘어난다. 이때는 돈 모으기가 훨씬 어렵다. 그래서 자의로 조절이 가능한 사회초년생 때 결혼 전까지 확실하게 돈을 모으지 않으면 향후 돈 모으기가 더 어려워질 수 있다. 그

부동산 투자를 잘한다는 것

러니 이때 '이 정도는 무리야'라는 생각이 들 정도로 돈을 모으지 않으면 시드머니를 점점 더 모으기 힘들 수 있다. 그러니 1억 원 모으기가 쉽지 않더라도 사회초년생 때 매진하길 추천한다.

'월급이 통장을 스쳐 지나간다'는 말을 많이 한다. 카드값에 공과금에 각종 경조사비를 내고 나면 받은 월급이 사라져 통장 잔고가 없다는 뜻이다. 아무리 많이 벌더라도 지출을 단속하지 못하면 수 년 간 직장생활을 하더라도 수천만 원이 감쪽같이 사라지는 마법을 경험하게 된다. 가령 직장 동료나 친구와 일주일에 몇 차례 술을 얼큰하게 먹고 집에 들어가는 생활을 반복해보자. 술 마시느라 1차, 2차에 노래방까지 가며 그날 직장에서 받은 스트레스를 풀었다. 그러다 보니 아뿔싸 버스가 끊겨 택시를 타고 귀가한다. 다음날 아침에는 늦게 일어나 숙취에 시달리며 택시 타고 출근한다. 회사 근처에서 급히 해장하고 나니 간밤에 쓴 돈만 십여만 원에 달한다.

또 한 달 동안 고생한 자신에게 작은 선물을 하나 하겠다며 들른 백화점에서 갑자기 수십만 원 하는 신상이 눈에 들어온다. 몇 달에 한 번이니까 하는 마음에 통 크게 카드를 긁고 집에 왔는데, 막상 옷이 잘 안 어울리는 것 같다. 피팅만 해보고 결국 그 옷은 옷장에 고이 모셔둔다. 이밖에도 올해 반드시 체중 5kg을 감량하겠다고 등록해놓고 가지 않은 헬스나 필라테스 회원권 등 의욕만으로 지출하는 비용이 상당하다. 무엇보다 이런 일과가 반복되면 일상이 된다는 것이다. 이런 지출만 잘 관리해도 1년에 수백만 원을 절약할 수 있다..

한 번 늘어난 소비는 줄이기 어렵다, 월급 절반을 떼어놓아라

막상 1억 원을 모으려니 한숨이 절로 나온다면? 요즘 빚내서 투자하는 '빚투'가 성행하면서 '1억 원을 빚냈다'거나 '비트코인으로 1억 원을 벌었다'는 말을 심심찮게 듣다보니 1억 원이란 돈이 가볍게 느껴질수 있겠지만, 1억 원은 굉장히 큰돈이다. 돈 잘 버는, 잘 나가는 사람을 지칭하는 말로 '억대 연봉자'라고 한다. 하지만 주변에서 억대 연봉자를 찾는 것은 쉽지 않다. 있다고 해도 소위 잘 나가는 사람이 1년을 열심히 일해야 벌 수 있는 돈이다.

이렇게 큰 1억 원을 모으는 방법은 두 가지다. 내 소득을 늘리거나 지출을 줄이거나. 소득을 늘릴 수 있다면 '땡큐'겠지만, 회사에 다녀봤다면 알 것이다. 소득을 늘리는 것이 얼마나 힘든 일인지 말이다. 회사에서 연봉 협상할 때 연봉 인상하는 건 정말 힘들다. 그래서 직장인들이 몸값을 조금이나마 올리겠다면서 이직하는 일이 허다하다. 남는 시간에 아르바이트하면 된다 싶은가? 지금 회사 업무로도 이렇게 힘든데 여기에서 더 일을 하겠다니! 결국 지출을 줄이는 게 오히려 더 편하다는 결론에 도달하게 된다. 왜냐면 지출을 줄이지 못하는 사람은, 소득이 아무리 늘어나도 그 금액에 맞춰 지출이 증가하기 때문이다. 결

부동산 투자를 잘한다는 것

국 돈을 모으려면 지출을 단속하는 것이 급선무다. 즉 소비습관, 저축 습관, 지출을 관리하는 습관을 단속하는 것이 선행되어야 한다.

부린이 라디오에서 수많은 사람들을 만나면서 살펴본 결과, 시드머니를 차곡차곡 모은 사람들에게는 공통점이 하나 있었다. 이들은 월급을 받자마자 일정액을 떼어놓고 남은 돈을 진짜 월급으로 여기고 한달 지출 계획을 세웠다는 점이다. 이 중 일부는 자기가 관리를 잘 못할 것에 대비해, 월급이 들어오는 날 절반을 부모님 통장으로 계좌이체를 한다고 했다. 가령 자신의 월급이 300만 원이라고 치면 150만 원을 부모님 통장으로 보내버리는 식이다. 부모님께 용돈을 보내는 느낌도 들고, 자신의 월급을 150만 원으로 규정해 지출을 줄이기 위해서라고 했다. 또 자기 명의 통장에 돈을 입금하면 자신도 모르게 통장을 해약할까 두려운 마음에 생각해낸 자신만의 노하우라고 소개했다. 그는 그 이후 저축이며 공과금을 비롯한 생활비를 150만 원 내에 지출 계획을 세웠고, 처음부터 소비습관을 그렇게 만들자 생활하는 데는 전혀 불편함이 없다고도 했다.

이처럼 돈을 모으는 데 왕도는 없다. 주식이나 비트코인 등 투자 공부를 열심히 하는 것도 맞다. 투자 공부는 필요하다고 생각한다. 사회 초년생부터 월급으로 금융 및 자본 시장에 대한 공부를 하는 것은 중요하니까. 하지만 여윳돈을 가지고 공부하는 수준에서 차차 시작해야지, 모아놓은 시드머니 전부로 굴리는 것, 이를 넘어 빚까지 내서 투자하는 것은 위험하다. 지금은 투자 공부를 시작할 단계인 만큼 갖고 있는 시드머니 전부를 굴리기에는 손실을 볼 확률이 크다. 이렇게 공부가 선행되지 않은 상황에서 전액을 투자하면 모아놓은 시드머니가 모이질 않고 계속 사라지는 일이 반복될 수 있다.

시드머니가 어느 정도 불어나기 전까지는 우선 지출을 줄이고 우직하게 모으는 데 충실하길 바란다. 그렇지 않으면 1000만 원 기껏 모았더니 주식으로 다 날리고 이를 다시 회복하겠다며 2000만 원 마이너스 통장을 파서 코인에 투자했다가 다시 또 날릴 수 있다. 시드머니를 모으겠다는 일념으로 치열하게 산 3년이라는 시간이 허송세월이 될 수 있다. 저축은 저축대로 하되 잃어도 되는 여윳돈(친구들과 마실 술값)으로 주식이나 코인을 공부 삼아 하길 추천한다. 내가 주식과 코인을 어느 정도 이해하게 되었을 때 시드머니로 투자해야 자산을 쌓을 수 있다. 사회초년생 단계에서, 투자 초보 단계에서는 우선 아끼고 모으자.

공돈은 공돈이 아니다

가끔 예상치 못한 돈이 생기는 때가 있다. 수백만 원 보너스가 회사에서 들어온다든지 수십만 원 당직비가 소소하게 입금된다든지. 친척 어른들에게서 용돈을 받거나 상금을 타게 될 때도 있다. 이런 것을 '공(空)돈'이라고 한다. 그런데 공돈을 진짜 공돈으로 치부하면 독이 될 수 있다. 공돈으로 생각해 받자마자 써버리거나 한턱 쏘는 패턴이 계속된

부동산 투자를 잘한다는 것

다면 말이다. 처음에는 행운처럼 느껴질지 모르지만 한 번의 지출 증가로 소비습관이 달라질 수 있기 때문이다. 나중에는 나도 모르게 소득보다 많게 지출하는 일이 발생하면서 당황하는 때가 생길지 모른다. 그러니 공돈은 그야말로 '없는 돈'이라고 생각하고 받자마자 묻어두자. 월급을 절반 떼어놓는 통장이든 따로 공돈 통장을 만들든 안 보이는 곳에 넣어버리자. 공돈 관리만 잘해도 지출 습관을 관리하는 한편 시드머니 통장도 꽤 불어날 것이다.

1억 모으기, 엄두가 안 난다고?
시작은 3000만 원부터

복싱을 배워본 적 있는가? 대게 초반에는 줄넘기를 많이 시킨다. 잽을 날리는 법도 배우고 싶고 현란하게 상대를 제압하는 기술이나 얼굴을 가격하는 방법도 익히고 싶은데, 관장님은 자꾸 구석에 몰아두고 줄넘기만 시킨다. 한 달이 넘어가자 관장님이 이제 오라고 손짓한다. 그때쯤 되니 좀 건강해진 듯하다. 체력도 좀 향상된 것 같다. 매일 수백 번 줄넘기를 했더니 나도 모르는 뭔가 달라진 느낌이다. 관장님이 이런저런 동작을 가르쳐주는데 내가 생각해도 곧잘 따라하는 것 같아 뿌듯함까지 차오른다. 그제야 그동안의 줄넘기가 기초체력을 키우기 위한 과정이었다는 점을 깨닫게 된다.

평소 체력을 다지지 않은 상태에서 무리하게 운동하면 아무리 화려한 기술을 배운다 한들 동작이 나오지 않을 뿐만 아니라 며칠 하지도 못하고 지쳐버리기 때문이다.

돈 모으기도 이와 같다. 아직 돈 모으기 습관이 장착되지 않은 상태에서 돈 한 푼 없는 내가 월급은 고작 200만 원에 불과한데 1억 원을 모으겠다? 이런 상황이라면 1억 목표를 설정해도 1000만 원도 모으지 못한 채 포기하고 말 것이다. 그러면 어떻게 해야 할까? 우선 목표는 1억 원으로 잡되 단계적으로 목표를 쪼개 잡자. 돈에는 신비한 마법이 있다. 돈은 어느 정도 모이면 기특하게도 돈이 돈을 모아오는 신통방통한 힘이 있다. 그러니 우선 최소한 그 돈이 스스로 일을 할 수 있을 정도까지 최대한 빨리 바짝 온 힘을 모아 모으자. 거기까진 소득을 가진 사람이라면 누구든 모을 수 있다. 꼭 고소득자만, 번듯한 정규직 직장에 다녀야만 할 수 있는 규모가 아니다.

무수히 많은 2030세대 부린이 청년들을 인터뷰한 결과 그 금액을 3000만 원으로 설정했다. 우선 3000만 원부터 모으자. 각자 소득과 개인 사정 등에 따라 다르지만 20~30대 평범한 직장인이라면 2~3년이면 모을 수 있는 시드머니이기도 하다. 그리고 이 목표를 이뤘다면 그다음 다시 시드머니를 설정하고 다시 모으기 시작하자.

돈이 돈을 불리는 신기한 마법

부동산 투자를 잘한다는 것

3000만 원이 모이면 우선 마음이 여유로워지는 놀라운 효과를 경험하게 된다. 해냈다는 성취감, 나도 모으면 모을 수 있다는 뿌듯함 말이다. 3000만 원을 모았는데 1억은 못하겠냐는 의지가 샘솟게 된다. 그리고 3000만 원을 모은 게 아까워서라도 중간에 그만둘 수 없게 된다. 1억 원이라는 목표가 막연하게만 느껴졌는데 이렇게 세 번만 하면 곧 1억 원이구나 하는 구체적인 그림이 그려진다. 여러분의 실행력을 키우는 만큼 모으는 속도에 가속도가 붙을 것이다. 다른 입사 동기들과 다르다는 느낌, 나는 뭔가 목표를 구체화하고 있다는 성취감을 얻게 될 것이다.

다음은 시드머니 3000만 원이 일을 하게 만드는 것이다. 자본주의 시스템에서 부자가 더 부자가 되는 이유는 돈이 돈을 벌어들이기 때문이다. 이 3000만 원을 주식이나 펀드, 코인 등에 넣으면 수익이 나기도 한다. 투자를 잘할 자신이 없으면 적금에 넣거나 금을 사도 된다. 그때 시장 상황에 맞춰 내 투자 성향을 고려해서 결정하자.

3000만 원이 모이면 더욱 좋은 것은 부동산 공부에 탄력이 붙는다는 점이다. 3000만 원이 있으니 이것으로 부동산으로 무언가를 해볼 수 있지 않을까 공부를 시작할 원동력이 생긴다. 실제로 3000만 원이면 어렵긴 하겠지만 부동산 시장에서 뭔가를 시도해볼 수 있는 돈이기도 하다. 월세 보증금을 낼 수 있기도 하고 오피스텔 청약을 넣을 수도 있다. 대출 규제가 막혀 있어 시도할 수 있는 게 이전보다 많지는 않지만 완화됐을 때는 대출을 받으면 작은 빌라도 충분히 매입 가능했다. 불가능하더라도 그 돈으로 할 수 있는 게 뭐가 있을까, 과거에는 무엇이 가능했을까 이런 것들을 알아가는 과정 자체도 부동산 공부다. 그다지 추천하지는 않지만 갭투자는 어떨지 알아볼 수도 있다. 그전까지는 부동산 시장에서 방관자였다면 이제는 참여자로서 적극적으로 공부할 수 있게 된 것이다.

부동산 공부는 앉아서 수학 공식에 대입해 문제를 풀거나 과학자의 이론을 달달 암기하는 과목이 아니다. 실제 현장에서 돌아가는 상황을 파악하고 나에게 맞는 최선의 과정을 찾아가는 것이 중요하다. 그러려면 우선 내가 그 분야에 관심을 갖고 뛰어들어야 한다. 백날 앉아서 유튜브 강의만 듣고 책만 읽는다고 뭔가 얻어지는 게 아니다. 물론 참고는 해야 하지만 그게 전부는 아니란 뜻이다. 그러려면 당신이 움직이고픈 원동력이 생겨야 하는데, 그럴 수 있는 최소한의 돈을 장착해야 한다. 1억 원을 목표로 하면 좋겠지만 처음부터 높게 잡으면 쉽지 않으니 우선 3000만 원부터 모아보자. 그럼 1억 원이 저절로 생길 것이다.

부동산 투자를 잘한다는 것

4

주거비 단속,
비싼 월세방을 탈출하라

3000만 원 먼저 모아보려는데 막상 쉽지 않다. 사치도 별로 부리지 않고 지출도 얼마 되지 않는 것 같은데 돈이 어디로 줄줄 새는지 모를 수도 있다. 이달 월급에서 절반을 떼어내고 관리비에 교통비 식비까지 쓰고 나니 남는 게 없어 한숨이 푹 나올 것이다. 물가는 퍽퍽 오르는데 월급은 제자리걸음, 이게 무슨 일일까?

서울 및 수도권에 사는 부린이라면 점검할 포인트가 있다. 소득을 올릴 수 없다면 지출을 줄여야 하는데, 그렇다고 반찬 수를 줄이고 저렴한 옷을 입고, 버스 타지 말고 따릉이 타라고 권할 수는 없다. 그렇다면 젊을 때 좀 더 건강하고 혈기 왕성한 부린이들에게 내가 할 수 있는 조언은 '몸테크'다. '몸 재테크'의 줄임말로, 건강하고 혈기 왕성할 때 좋은 집에서 편안하게 살기보다 작고 불편한 집에 살면서 주거비를 절약하자는 것이다.

　자가에 살고 있다면 집에 돈을 쓰는 것은 크게 보면 투자다. 하지만 월세에 살고 있다면, 집에 들어가는 돈은 지출이다. 월세는 고스란히 집주인의 주머니로 들어가는 돈이기 때문이다. 월세살이를 굳이 넓고 고급스러운 집에서 할 필요는 없다. 지금이라도 살고 있는 월세방이 필요 이상으로 비싼 집은 아닌지 점검할 필요가 있다. 직장인 중에서는 헬스장도 있고 경비실도 잘 갖춰져 있고 번화가에 위치한 브랜드 오피스텔에 사는 사람도 있다. 이왕이면 편리하고 좋은 곳에 살면 좋겠지만 굳이 월세를 무리하게 내면서까지 살 필요가 있을까? 확인해보니 역시 이런 오피스텔의 월세는 100만 원이 넘었다. 관리비와 공과금까지 합하면 월 120만 원을 지출한다는 것을 예상해볼 수 있다. 이를 절반으로 줄인다면 3년 동안 모을 수 있는 돈은 꽤 될 것이다.

　혹은 월세는 얼마 되지 않는데 이런저런 이유로 관리비가 많이 나오는 집은 아닌지 점검해보자. 위치상 교통비가 많이 나올 수밖에 없는 집은 아닌지 등 집 때문에 돈이 새는 포인트가 없는지 점검해볼 필요가 있다. 월세가 부담스럽거나 자신도 모르게 너무 비싼 월세를 살고 있다면 정부의 전세대출상품을 활용하거나, 현재 보유한 돈으로 전세로 옮길 수 있는 방법은 없는지 찾아보자. 매달 나가는 월세를 아껴 주거비를 절약할 수 있는지 찾아보는 것도 방법이다.

　첫발을 어떻게 내딛고 계획하느냐에 따라 4~5년 뒤 내 자금 사정은 달라질 수 있다. 또 그 자금 사정에 따라 부동산에 대한 관심도가 달라

　　　　　　　　　　　　　　　부동산 투자를 잘한다는 것

질 수 있다. 누구는 브랜드 오피스텔에서 럭셔리하게 사는 듯 보이지만 과한 월세 지출로 모아놓은 돈은 한 푼도 없을 수 있다. 누구는 비록 낡고 작은 집에서 살고 있지만 5000만 원의 시드머니를 모은 데다 이를 계기로 부동산 공부도 시작해 내 집 마련 준비를 마쳐놓은 상태일 수 있다. 그러니 지금 점검해보자. 내 거주 공간에서 쓸데없는 돈이 새고 있지는 않은지 말이다.

5

엄빠 찬스!
최대한 독립 미루기

성인이 되면 부모님께 독립해 옥탑방 앞 평상에 앉아 친구들과 통기타를 치며 맥주를 마시며 하루를 마무리하거나, 통금 없이 친구들과 심야 영화를 보는 삶을 꿈꾼다. 특히 통학이나 출퇴근이 본가에서 하기 힘든 거리라면 그런 마음은 더욱 커질 수밖에 없다.

하지만 집 떠나면 고생이라는 속담이 그냥 있는 말이 아니다. 독립해 혼자 살면 하고 싶은 대로 마음껏 하고 살 수 있을 것 같지만 이 모든 게 비용이라는 사실을 알면 깜짝 놀라고 만다. 생각지도 않은 것까지도 말이다. 그리고 감사하게 된다. 아니 이런 것까지 부모님이 돈을 내고 계셨구나 하면서 말이다. 역시 호기롭게 독립한 후 식비부터 수도, 전기세, 가스비 같은 눈에 보이는 큰 비용부터 작게는 휴지나 소금 같은 조미료, 치약까지 이런 것도 내 돈 주고 사야 하는구나 싶은 생각

부동산 투자를 잘한다는 것

에 돈이 그렇게 아까울 수가 없었다. 이때 작은 돈의 소중함을 깨닫게 된다. 또 이런 돈이 한 푼 두 푼 모여 엄청난 돈이 된다는 것, 한 달에 이런 것들로 지출되는 비용이 상당하다는 것도 알게 된다.

만약 성인이 되어 홀로서기를 어쩔 수 없이 해야 하는 상황이라면, 기댈 부모님이 없다면 어쩔 수 없다. 하지만 굳이 부모님 집에서 함께 살 수 있는 상황임에도 독립의 낭만을 꿈꾸며 나오겠다고 한다면 꼭 다시 한 번 생각해보기 바란다.

앞서 말했듯 부동산 공부, 부동산 투자의 첫걸음은 시드머니 마련이다. 시드머니 마련의 왕도는 없다. 주식이나 코인 등의 투자는 필요 없다. 돈이 없을 땐 어떠한 묘수도 없다. 그냥 아껴야 한다. 지출을 줄여야 한다. 돈이 어느 정도 모일 때까지 아끼며 모으는 수밖에 없다. 그런데 소득이 한정된 직장인이라면? 지출을 줄여야 할 텐데 부모님 집에서 나와 산다면 지출을 줄이기가 쉽지 않다. 생각해보라. 지출하는 돈이 그저 두루마리 휴지나 키친타올, 쿠킹호일이라면? 이런 비용으로 내 피 같은 돈이 줄줄 샌다면 아깝게 느껴지지 않는가? 부모님 집에서 살면 이 잡다한 비용을 아낄 수 있다.

부모님 집에서 살면 좋은 점이 또 하나 있다. 규모의 경제란 말이 있다. 생산 규모가 늘어날수록 생산 비용이 줄어드는 것을 뜻하는 경제 용어인데, 이것 역시 부모님 집에서 살 때도 적용할 수 있다. 혼자 살 때보다 여럿이 살면 개개인이 살면서 지출하는 비용이 줄어든다. 즉 혼자 살면서 개인이 지출하는 비용보다 여럿이 살 때 개인이 지출하는 비용이 더 적게 든다는 뜻이다. 최근 1인 가구가 늘어나면서 혼자 사는 사람을 위한 음식이나 용품이 생산되고 있지만 여전히 많은 제품이 대량으로 구매했을 때 훨씬 저렴하다. 자취해본 사람이라면 안다. 주말에 요리하려고 시장 봐 온 파 한 단과 계란 한 판을 급한 일정이 생겨 활용하지 못하고, 결국 상해서 쓰레기통에 버린 경험이 있을 것이다. 그렇게 낭비되는 돈을 무시 못한다. 이게 아까워 배달시켜 먹자니 배달비도 만만치 않다. 몇 번 배달해 먹으니 한 달 식비가 늘었다.

이런 이유로 최대한 독립을 미루고 부모님에게 '빌붙어' 살 수 있다면 그렇게 사는 게 낫다는 결론에 이른다. 이 모든 이유는 지출을 최소화해서 부동산 투자의 첫걸음인 시드머니를 최대한 모을 수 있다는 점에서다. 혹은 회사에서 제공하는 기숙사 등을 활용하는 것도 추천한다. 다시 한 번 말하지만 젊은 시절 달콤한 낭만을 좇아 독립하다간 몇 년 뒤 쓰디쓴 현실의 맛을 보게 될 것이다. 될 수 있는 한, 가능하다면 독립을 미루는 편이 낫다. 그렇게 내 집 마련 전까지 주거비를 아끼는 편을 택하자. 그렇다면 그 이후에 더 낭만적이고 행복한 삶이 펼쳐질 것이다.

부동산 투자를 잘한다는 것

6

집 없어 결혼 미룬다?
결혼해야 집 산다

집값이 너무 올라 청년들이 결혼까지 미루거나 포기한다는 뉴스가 헤드라인을 장식한다. 하지만 이제 시대는 변했다. 집이 없어 결혼을 미루는 게 아니라 결혼을 해야 집을 살 수 있다. 발상을 전환해야 할 때다.

이런 말 하면 욕먹을지 모르지만 과거에는 결혼할 때 남자가 집, 여자가 혼수를 해오는 게 관례처럼 여겨지던 때가 있었다. 결혼을 앞두고 남자의 부담이 클 수밖에 없는 시대였다. 이전에는 직업을 갖지 않은 여자가 많다보니 상대적으로 생계에 대한 부담이 큰 남자가 결혼할 때 집은 사 오는 것은 물론이고 이후에도 생활비를 벌어야 하는 책임감이 컸다. 하지만 시대가 변했다. 여성도 직장을 갖고 돈을 번다. 남녀가 평등한 시대다. 게다가 집값은 어느 한쪽이 감당하기에 너무 비싸다.

팟캐스트 '부린이 라디오'를 진행하고, 《토익보다 부동산》을 쓰기 위해 만난 내 집 마련 2030세대에게는 공통점이 있었다. 솔로보다 커플인 경우 집을 마련한 사례가 더 많았다는 것이다. 대다수 커플이 합심해 집을 장만했다. 그러니 집이 없다는 이유로 결혼을 미루지 말자. 결혼해야 집 살 시기를 앞당길 수 있다. 무슨 근거로 그런 말을 하느냐고 반문하는 사람도 있을 것이다. 그 이유를 세 가지로 정리해봤다.

첫째, 집값이 너무 비싸다는 점에서 둘이 갖고 있는 자금을 합쳐 시드머니를 키우는 점이 낫다. 한 명이 시드머니를 혼자 모아 집을 사서 누군가를 만나는 것보다 결혼해 두 사람의 수입을 모으는 것이 내 집 마련을 앞당기는 훨씬 더 빠른 길이다. 현재 집값은 너무 비싸기 때문에 한 명의 자력으로 집을 사기 힘든 시대다. 혼자 시드머니를 모아 집을 산 뒤 결혼할 사람을 찾으려고 하지 말자. 함께 돈 벌어 집값을 갚으면 된다는 건강한 마인드를 가진 배우자를 만나는 편이 낫다. 돈을 모아서 집을 살 때까지 결혼을 미루다가는 물가상승률 대비 오르지도 않는 월급만 바라보다가 결혼 적령기를 놓치는 것은 물론 좋은 사람도 떠나보낼지 모른다.

둘째, 비용을 반으로 줄일 수 있다. 2030세대를 만나 인터뷰해보면 데이트할 때 쓰는 돈이 한두 푼이 아니다. 최근 인플레이션에 물가도 올라 한 번 데이트하면 10만 원은 금세 사라지곤 한다. 하지만 둘이 살림을 합치면 그런 지출을 크게 단속할 수 있다. 자연스럽게 외식비를 절약해 내 집 마련의 돈으로 활용할 수 있다. 돈이 없어 결혼도 못하고 연애만 해야 한다고 탄식하지 말자. 사랑하는 사람이 결혼까지 해도 좋은 사람이라는 확신이 정말로 든다면 그냥 하자. 그리고 데이트하면서 쓸 돈을 차라리 내 집 대출금 갚는 데 써보는 건 어떨까. 애꿎은 데이트 비용이 줄줄 새는 것보다 함께 절약하고 단속해서 내 집 마련에 보태는 것이 더 현명한 방법일 수 있다.

셋째, 의외로 신혼부부를 위한 혜택이 많다. 이용하자. 물론 여기에는 반대하는 의견이 있다는 것도 안다. 예상 외로 신혼부부를 위한 혜택이 잘 안 돼 있다고 생각해 혼인신고도 안 하고 부동산 투자를 한다는 사람도 있다. 또 어떤 사람은 소득 수준이 애매해 활용할 수 없었다는 사람도 있다. 물론 그럴 수 있지만, 잘 찾아보면 전세대출이라든지 신혼부부 특별공급(신혼부부 특공), 임대주택, 3기 신도시 신혼부부희망타운 사전청약 등 신혼부부여서 가능하고 그래서 경쟁률이 낮은 혜택들이 꽤 많다. 우리나라는 솔로를 역차별한다는 말이 있을 정도로 결혼한 사람에게 주는 혜택이 많다. 그러니 누릴 수 있는 혜택을 적극적으로 찾아보자.

7

다 갖는 건 쉽지 않다, 포기할 건 포기하자

주변에 충분히 연애할 수 있는데도 못하는, 아니 안 하는 사람들이 있다. 왜 그런가 보면 처음부터 모든 걸 다 갖춘 완벽한 연애 상대를 만나서 시작하려는 경향이 강하기 때문인 경우가 많았다. 그래서 소개 팅이든 누군가와 썸을 타든 자신이 생각한 조건이 갖춰지지 않으면 시작도 하지 않는다. 하지만 세상에 내 입맛에 딱 맞는 조건을 갖춘 사람이 있을까? 가족도 나와 맞지 않는데. 그렇게 하면 절대 연애할 수 없다. 그런 사람은 이 세상에 없으니까.

무엇보다 자신이 원하는 조건이 과연 행복하기 위해 꼭 필요한 것인지도 생각해봐야 한다. 아직 연애를 한 번도 안 해본 '모솔(모태솔로)'이라면 특히 더 그렇다. 상상 속에 짜 맞춰놓은 그 조건이 사실 진짜 원하는 게 아닐 수도 있다. 자신이 원하는 조건에 딱 맞는 사람을 만나

부동산 투자를 잘한다는 것

막상 연애해보면 상상한 것이 정말 다를 수 있다. 그러니 내가 원하는 조건에 모두 부합하는 사람을 찾아 마냥 기다리기보다 적당히 포기할 건 포기하면서 사람을 만나보는 게 때론 낫다. 진짜 내가 원하는 게 무엇인지 찾아가는 과정을 겪는 게 더 현명할 수 있기 때문이다. 그러다 보면 결국 자신이 원하는 배우자를 만날 수 있을지 모를 일이다.

집도 마찬가지다. 사회초년생 시절 집 구하기가 이렇게 힘들 줄 몰랐을 것이다. 집을 사볼까 했는데 이 집은 이래서, 저 집은 저래서 마음에 안 들 수 있다. 막상 모두 다 갖춘 집을 찾았는데, 금액이 맞지 않을 수도 있다. 정확히 말하면 금액에 맞춘 집들 중에는 마음에 드는 집이 없는 것이다. 금액에 맞춰 고르려다보니 결국 고르지 못해 나중에 더 돈을 모아서 사야겠다고 마음먹게 된다. 그리고 계속 나중으로 집 사는 걸 미루게 된다.

그러면서도 누가 집을 사서 올랐다는 말을 들으면 조바심이 생긴다. 막상 다시 찾으면 금액에 맞춘 집은 마음에 들지 않고……. 자기는 영영 집을 못 살 것 같다. 이런 마음은 완벽한 조건을 갖춘 상대가 아니면 연애를 시작도 안 하겠다는 마음먹는 것과 마찬가지다. 하지만 그렇게 시간을 흘려보내기에는 시간이 아깝지 않은가? 그 시간에 집값은 꾸준히 우상향하기 때문이다. 내 소득보다 집값 오르는 속도가 대체로 빠르다. 어떻게 하면 마음에 들면서 금액도 맞는 집을 살 수 있을까?

좋은 사람을 만나기 위해서는 사람에 대해 공부해야 하듯이, 부동산도 똑같다. 나는 어떻게 저런 집을 사나 하는 생각을 했는데, 다른 사람은 그런 조건이기 때문에 시세보다 저렴하게 사서 취향에 맞게 리모델링해서 사는 경우도 있다. 그런 집에 한 번 가보라. 아마 내가 찾던 딱 그 집일 것이다. 이렇듯 집을 보는 안목만 있다면 얼만든지 시세보다 저렴하게 잘 살 수 있다. 허름해 보이는 집이라도 인테리어를 통해 내 취향에 맞게 바꿀 수 있다. 또 자꾸 안목을 기르기 위해 집을 사고, 살아보면서 노하우도 쌓인다. 그렇게 조금씩 더 좋은 집으로 옮겨가는 것이다. 처음부터 완벽한 조건의 사람을 만나는 것보다 서로에게 맞춰가면서 더 행복하게 사는 것처럼 집도 마찬가지다.

집값 때문만이 아니라도 집을 보는 안목을 키우기 위해서라도 한 번쯤 집 사는 것에 도전해볼 것을 추천한다. 집을 한 번이라도 사본 사람과 그렇지 않은 사람 사이에 부동산을 보는 안목과 경험치는 실로 어마어마하게 차이 난다. 집을 보러 다니고 그 속에서 전문가와 시장 참여자에게 보고 듣는 정보들, 고민하며 계산하고 계약을 치르기까지. 정말 많은 공부를 하게 되기 때문이다. 무엇보다 그 집에 살면서 얻게 된 경험들을 통해 나라는 사람이 어떤 조건의 집을 원하는지 깨닫게 된다. 만족하는 것과 아쉬운 점 등을 생각하면서 상상 속에 원하던 집을 현실적인 집으로 전환하는 계기가 된다. 마치 연애하고 난 뒤 이별의 아픔이 크더라도 다음 연애를 성공적으로 할 수 있는 팁을 얻는 것과 마찬가지라고 할까.

그 경험들을 토대로 다음 집을 살 때 대박을 노리면 된다. 다음 집을 살 때, '아! 이렇게 하면 되는구나' 하면 된다. 한 살이라도 젊을 때 그런 산 지식을 얻으면 그게 바로 성공 아니겠는가. 그런 점을 고려하면 무엇이든 지금 움직이는 게 남는 일 아닐까? 그러니 우선 내가 갖고 있는 것으로 할 수 있는 수준에서 움직여보는 것도 좋지 않을까 싶다.

부동산 재테크 시장에 때아닌 전·월세 논쟁이 일어나기도 한다. '월세에 살아야 한다', '전세에 살아야 한다', 임대차 시장에 머물 때 이 둘 중 무엇을 선택하는 것이 더 유리한지를 두고 팽팽한 토론이 벌어지곤 한다. 앞서 부린이라면 월세를 최대한 빨리 탈출하고 전세를 징검다리 삼아 내 집을 마련하는 것이 더 낫다고 추천했지만, 일부 투자 전문가는 이것을 바보 같은 짓이라며 정면으로 반박하곤 한다.

그래서 다시 한 번 강조한다. 이 추천은 다음 조건에 해당되는 '부린이'에게 한정된 것임을. 만약 본인이 다음 조건에 해당되지 않는다면 다른 투자전문가들이 권하는 것과 달리 전세로 옮길 것을 적극 추천한다.

첫째, 당장 부동산을 매입할 수 있는 수천에서 수억 원의 큰 목돈을 갖고 있다.

둘째, 주식이나 부동산, 코인 등 어딘가에 투자해서 큰 수익률을 낼 수 있을 만큼 투자에 밝다. 투자의 귀재다.

셋째, 반년 안에 해당 목돈을 어떤 투자처에 당장 투자할 의지와 실행력이 있다.

전세에 거주하는 일이 가장 바보 같은 짓이라며 내 의견을 반박하는 전문가들의 근거는 이런 것이다. 지금 부동산 시장에서 전세가격은 너무 비싸다. 그렇다 보니 전세에 거주하면 그 큰 목돈을 부동산에 몇 년 묶어두게 된다. 최소 2년에서, 연장하면 4년여 기간을 전세에 거주하게 된다고 가정하면 전 재산이나 마찬가지인 큰돈을 집에 묶어두고 활용하지 못한 채 살아야 한다.

돈은 돈을 벌어들이는 엄청난 힘이 있다. 이 돈을 어딘가에 투자할수 있는데, 부동산에 묶어두면 그 기회를 잃게 되는데, 전세보증금이 딱 그런 케이스라는 것이다. 갑자기 매매할 만한 매물이 나오거나, 좋은 오피스텔이 나오면 청약을 넣도록 현금을 소위 총알처럼 장전해둬야 하는데 전세에 살면 그럴 수 없어 돈을 벌 수 있는 기회를 잃게 된다고 전문가들은 반박한다.

물론 맞는 말이다. 그래서 진짜 부자는 전세가 아닌 월세에 산다는 말을 들어본 적 있을 것이다. 하지만 이건 우리 부린이들에게 너무 어려운 일이다. 무엇보다 현실적으로 불가능하다. 위에 내가 들어준 세 가지 조건을 다시 곱씹어보자.

우선 부린이들은 좋은 매물이 나와도 바로 매입하거나 투자할 만큼 큰 목돈이 없다. 그러니 목돈을 모아보자며 전세에 살고 있는 것이다. 내가 늘 얘기하는 건 우리 부린이의 첫 목표는 시드머니를 크게 모으는 것이다.

두 번째는 투자할 만한 물건을 보는 눈이 아직 없다는 것이다. 좋은 매물을 알아보는 눈이 없기 때문에 공부해야 하는 게 우리 부린이인데, 지금 그 돈으로 투자를 하자니. 그나마 얼마 없는 목돈도 다 날릴 수도 있다. 과연 이 책을 읽는 독자 여러분은 지금 그런 안목을 갖고 있을까?

세 번째는 전세에 묶어두는 그 시간 시간이 아까울 정도로 지금 당장 투자할 만한, 지금 당장 움직일 만한 의지가 있는가다. 적어도 반년 안에 뭔가 사들일 만한 그런 실행력 말이다. 아마 그 정도는 아직 아닐 것이다. 차라리 전세로 살면서 빠져나가는 주거비를 단속해 시드머니를 더 많이 모으고, 그동안 부동산 공부를 더 하는 쪽이 부린이에게는 더 유리할 것이다.

전세가 아닌 월세에 살아야 한다는 것은 좀 더 고수가 된 뒤에 해당되는 말이다. 나중에 시드머니로 내 집을 마련한 뒤, 부동산으로 자산도 모으고 삶의 여유가 조금 생겼을 때 그때 하면 된다. 사회초년생이

부동산 투자를 잘한다는 것

부동산 지수를 팍팍 올리고 싶다면 정공법을 쓰길 권한다. 고수의 길을 따라 가려다가 가랑이가 찢어질 수 있다. 유튜브나 인터넷을 보면 단기간에 돈을 벌었다는 사연이 많다. 실패했다는 사연은 쉽게 노출되지 않는다는 사실도 유념하자. 한 발 한 발 뚜벅뚜벅 걸어가는 것이 가장 빠른 길임을 잊지 말자.

STEP
4

매수 타이밍 잡기?
공부가 답이다

꾸준히 부동산 공부를 하고 싶은 부린이들을 위한

부동산 공부는 정말 끈기가 있어야 한다. 하루이틀 해서 될 게 아니기 때문이다. 하지만 기본적인 용어부터 익히고, 자꾸 보다보면 시간이 가면서 부동산 지수를 올릴 수 있다. 이번에는 부동산 공부를 어떻게 시작해야 하는지, 또 꾸준히 하려면 어떻게 해야 하는지 등 방법을 담았다. 그러다 보면 자신도 모르게 언제 집을 사야 하는지 매수 타이밍이 보일 것이다.

1

평소 부동산 콘텐츠에
관심 갖기

우선 3000만 원을 모을 때까지 뭘 해야 할까? 부동산 콘텐츠나 용어들을 친숙하게 만드는 것이 좋다. 부동산은 우선 용어부터 낯설고 생소한 게 많아 장벽이 높게 느껴질 수 있다. 용어와 익숙해지기 위해서 대학 입시를 준비하듯 참고서나 재테크 서적을 사서 달달 암기할 필요 전혀 없다. 용어를 자주 접하면 된다.

대부분의 부린이들이 그동안 부동산은 자신과 전혀 관련 없는 존재라고 생각하고 살아왔을 것이다. 하지만 관심을 두지 않아서 그렇지 우리는 평소 수많은 부동산에 둘러싸여 살아간다. 관심을 가지면 우리가 얼마나 부동산에 노출되었는지 알 수 있을 것이다. 거리를 다녀보면 건물 1층에 가장 많은 게 편의점과 함께 공인중개사무소다. 또 지하철역 앞에만 가도 여기저기에서 모델하우스 광고용 휴지나 전단지를 나눠준다. 시장이나 구시가지 골목을 들어갈 때면 '축 재개발 조합 인가' 현수막이 걸려 있는가 하면 한눈에 봐도 쓰러질 것 같은 아파트에 '안전 진단 통과' 등이 붙어 있다. 코로나19로 자영업자들이 힘든 시기에 동대문이나 종로 상가가 텅 비어 있는 것도 볼 수 있다. 건물 유리벽에 '임대'라고 써 붙여놓은 것도 봤을 것이다. 상가에 공실이 났다는 의미인데, 이 정도는 다 알 것이다. 이런 게 다 부동산 시장을 알 수 있는 힌트들이자, 부동산 용어이기도 하다. 이 모든 것이 좋은 공부 자료다.

이제부터 주변 부동산 용어에 안테나를 세우고 둘러보자. 기본 중의 기본은 당연히 콘텐츠다. 정보의 보고 인터넷을 통해 정보를 많이 접하자. 물론 인터넷에는 잘못된 정보와 광고가 마구 혼재돼 있다. 지난 2018~2020년 부동산 가격이 급등하면서 네이버나 다음과 같은 포털사이트에 부동산 콘텐츠가 급격히 늘어났다. 물론 절반 가까이 부동산 광고를 기반으로 한 게시물이다. 특히 블로그는 공인중개사들이 올려놓은 홍보성 매물이 대다수다. 분양이나 아파트단지를 광고하기 위한 것들이 상당하다. 아직 옥석을 가려낼 수준이 되지 않는다면 정독하지 않길 권한다. 다만 콘텐츠에 자주 등장하는 용어를 보면서 익숙해지는 정도로만 활용하는 게 낫다.

부동산 투자를 잘한다는 것

2

부동산 기사 읽기,
매번 작심삼일로 끝난다면?

이제 본격 부동산 기초를 쌓으려면 현재 부동산 시장의 흐름을 익히는 게 필요하다. 여러 다양한 공부 방법이 있지만 내 본업이 기자다 보니 부동산 기사를 읽기를 먼저 추천한다. 물론 부동산 기사에는 여러 장점도 있지만 단점도 있다. 그래서 부린이에게 맞춰 읽는 법을 소개하겠다.

처음에는 정독보다 전체 흐름 파악하기

부린이 중에는 부동산 공부를 시작하겠다며 기사를 읽다 지쳐 작심삼일(作心三日)로 끝나는 경우가 많다. 물론 기사 중에는 부린이가 소화하기 어렵거나 필요하지 않은 기사도 많다. 가령 부린이에게 너무 고가의 매물이나 관련 없는 개발 등의 기사다. 이런 기사를 잘못 골라 정독하다 지치는 경우를 많이 봐왔다. 역시 부동산은 재미없고 어렵다면서 포기하는 식이다.

부동산을 처음 접하는 부린이라면 기사를 정독하기보다 흐름 위주로 보는 게 낫다. 지금 당장 어떤 부동산에 대한 결정을 내려야 하는 게 아니라면 전체적인 부동산의 틀을 먼저 파악하는 게 더 중요하다. 만약 기사 하나하나를 정독한다면 자칫 장님이 코끼리 다리를 만지는 오류를 범할 수 있기 때문이다. 장님이 코끼리 다리를 만지면서 '아 코끼리는 튼실한 기둥처럼 생긴 동물이구나'라고 이해한다거나, 꼬리만 열심히 만지면서 '아 가늘고 긴 뱀처럼 생긴 동물이구나', 혹은 귀를 만지면서 '부채처럼 넓게 생긴 동물이구나' 하고 파악하면 안 된다. 차라리 제대로 이해는 못하더라도 대충 큰 흐름을 따라가면서 코끼리란 이렇게 생긴 동물이니 내가 여기에서부터 저기까지 이렇게 공부하고 알아가야 하는구나 하고 파악하는 게 우선이다. 처음부터 너무 전문적이거나 혹은 부풀려진 기사를 보면 부동산에 대한 잘못된 편견이나 고정관념을 만들 수 있다.

만약 부동산의 '부'도 잘 모르는 부린이라면 하루에 기사 두세 개를 꼼꼼히 정독하기보다 대충 보더라도 흐름 위주로 리듬을 타듯 분위기를 파악하는 것을 우선하길 추천한다. 제목이나 리드글 위주로 요즘 부동산 시장에서 나오는 기사가 어떤 내용이 많은지 파악하는 수준이

부동산 투자를 잘한다는 것

면 된다. 그렇게 전체적인 흐름과 분위기를 파악하는 수준으로 익숙해지는 단계를 먼저 밟는 것이 필요하다.

부동산 면에서 틈날 때마다 제목과 리드글 살피기

다음 단계는 부동산 기사와 익숙해질 차례다. 부동산은 실물경제이기 때문에 생물처럼 계속 움직인다. 그래서 틈날 때마다 기사를 보면서 그 변화를 살피는 것이 관건이다. 중간고사 대비용으로 참고서를 사서 달달 외우듯 공부하는 것은 큰 도움이 안 된다. 현재 상황을 전해 주는 기사를 읽으며 부동산 시장이 어떻게 흘러가는지 리듬을 타자.

기사를 읽기 위해 일부러 시간을 많이 낼 필요는 없다. 화장실에 앉아 있을 때나 버스를 기다릴 때, 생선을 굽는 시간 등 하루의 자투리 시간을 활용하자. 포털사이트에 올라온 연예인 가십 기사를 읽던 시간에 부동산 기사를 읽는 것도 방법이다. 기사를 정독하려니 머리가 팽팽 돌 것 같다? 어려운 내용을 꾸역꾸역 읽으려고 하지 않아도 된다. 부동산 기사의 제목과 그 아래 리드만 읽으면서 대략의 분위기만 파악해도 절반의 성공! 그다음은 차차 부동산에 대한 배경지식이 쌓였을 때 읽어도 충분하다. 우선은 기사 제목과 리드 위주로 최대한 많은 기사를 접하면서 전반적인 시장 분위기를 파악하는 데 주력하자.

그보다 중요한 것은 부동산 기사에 자주 접근하는 습관 기르기다.

그동안 연예나 스포츠 뉴스에만 관심을 가져왔다면 앞으로는 부동산이나 경제면에도 자주 접속하자. 틈만 나면 네이버에서 연예 뉴스를, 유튜브에서 아이돌 소식만 찾아봤다면 이제는 그 시간의 일부를 부동산 기사 읽기에 할애하자. 네이버나 다음 포털사이트를 보면 언론사별 부동산 기사를 모아둔 '부동산 뉴스' 페이지가 있다. 물론 내가 즐겨보는 언론사의 부동산 면만 정독해도 된다. 하지만 포털에 여러 언론사의 부동산 기사를 모아둔 곳에서 주요 뉴스를 훑어보는 편이 낫다.

한 언론사 부동산 뉴스만 보는 것을 권하지 않는 이유는 다른 면보다 유독 광고형 기사가 많이 섞여 있기 때문이다. 분양 광고나 간혹 중요도가 떨어지는 기사 비중이 많아 이 방식을 그리 추천하지 않는다. 포털사이트의 '부동산 뉴스' 면에 정말 중요한 부동산 뉴스만 엄선했다고 확신할 수는 없지만, 적어도 광고성 기사나 언론사별 중복되는 기사는 걸러서 배치하기 때문에 다양한 뉴스를 한눈에 볼 수 있다는 장점이 있다. 네이버 부동산 면에 정리된 언론사별 부동산 기사 제목과 리드 정도만 훑어보더라도 이번 주에 대략 부동산 시장이 어떤 분위기로 흘러갔는지 가늠할 수 있다.

처음에는 내 눈높이 맞는 매물 위주로, 점차 관심사를 확대하자

부동산 투자를 잘한다는 것

그렇다고 마냥 부동산 기사를 읽지도 않고 제목과 리드만 훑어만 볼 수는 없을 것이다. 어느 정도 전체적인 흐름을 파악할 수 있는 수준이 됐다면 기사 몇 개 정도는 정독할 차례다. 기사를 읽으려고 클릭했는데 두세 줄을 읽다 숨이 막혀오는 지점이 왔다면? 용어도 어렵고 무슨 내용인지 이해가 가지 않아 흥미가 생기지 않는다면? 버겁게 느껴진다면 굳이 읽지 않아도 좋다.

부동산은 우리가 인지하지 못할 뿐 굉장히 넓은 영역이다. 부모님 집에서 독립해 마주하는 작은 원룸부터 빌라, 다가구, 아파트와 같은 주택을 포함해 상가부터 오피스, 오피스텔, 빌딩, 셰어하우스, 토지, 공장까지 무궁무진하다. 그리고 부동산을 월세로 살 것인지 전세 혹은 매매로 거주할 것인지 계약 방식에 따라 다양하다. 또 재건축, 재개발부터 경매 등 범주도 버라이어티하니 내 관심 범위가 고작 원룸 전월세에 멈춰 있다면 그 외 기사가 눈에 들어올 리가 없다.

처음에 내 눈높이와 관심 범위 안에 들어오지 않는 기사는 과감하게 뛰어넘어도 좋다. 지금의 나는 작은 아파트 하나 마련하는 것이 소원이라면 그 범위의 기사를 읽는 것부터 시작하자. 20억 원 대를 넘나드는 강남 아파트 재건축 기사는 과감히 넘기자. 임대사업자 세제 정책까지 읽다 도중에 지쳐 부동산 공부를 포기하는 것보다 차근차근 할 수 있는 것부터 해나가는 것이 낫다.

아는 범위까지 읽고 모르면 과감히 스킵하라

내 관심 분야의 기사 위주로 읽다 보면 공부가 조금은 수월해질 것이다. 그래도 여전히 어렵다고 느껴질지 모른다. 기자들이 조금 더 친절하게 기사를 쓰면 좋겠는데, 문제는 독자들이 이미 부동산을 많이 알고 있다는 것을 전제로 작성하는 경우가 대부분이다. 나 또한 반성하는 부분이다.

기사를 읽다가 이해되지 않는 문장이 나온다면 어떻게 해야 할까? 가령 '저금리에 대출 수요가 늘어나면서 집값이 올랐다'는 표현이 기사에 등장했다면? 당연하게 한 줄로 흘러가듯 써놓은 이 문장부터 막히니 갑자기 때려치우고 싶은 마음이 솟구칠 것이다. 우선 아는 범위까지만 이해하고 뛰어넘어도 괜찮다. 어차피 부동산은 하루이틀 만에 상황이 뒤바뀌지 않는다. 주식처럼 오늘 5% 오르고 내일 10% 떨어지지도 않는다. 그렇기에 내일 또 이런 비슷한 표현이 기사에서 또 등장할 것이니, 기사 한 줄 한 줄이 이해되지 않는 것에 크게 스트레스받지 않아도 된다.

반면 이해되는 부분도 있을 것이다. 가령 '서울에 이달 아파트 전셋값이 올랐는데, 그 원인이 임대차 3법 때문'이라는 표현이 나왔다고 치자. 그러면 이해된 부분까지 소화하면 된다. 그런데 다음날에 기사가 또 나왔는데 '전셋값이 많이 올랐지만 반드시 임대차 3법 때문이라고 말할 수 없다'며 이를 반박하는 기사가 나왔다면 이를 비교하면서 읽

부동산 투자를 잘한다는 것

고 내 것으로 만드는 노력을 하면 된다. 초반에는 내용 하나하나에 집중하지 말고, 보이는 대로 최대한 많은 기사를 접하면서 모르면 과감히 건너뛰는 과정을 여러 번 반복하자. 우선 부린이의 목표는 지치지 않고 이해되는 만큼 자기 것으로 소화하며 꾸준히 해나가는 것이다.

맞추지도 못 하면서……, 비난은 NO! '논리기작을 모아라'

부린이들의 부동산 공부법을 살펴보면 대부분 '부동산 전망'을 쫓는다. 집값이 오르는지 떨어지는지 그 결론에 주목하는 식이다. 가령 기자나 전문가가 어떤 이야기를 하는지 궁금해하기보다 '그래서 집값이 오른다는 것인지, 떨어진다는 것인지' 집중하면서, 결론적으로 예언(?)이 맞아떨어졌는지 살피는 식이다. 맞추면 유능하다고 칭찬하고, 못 맞추면 무능하다고 비난한다. 만약 이를 따라 집을 사거나 투자했다면 원망까지 한다.

이런 태도는 진정한 부동산 공부가 아니다. 나아가 공부하기 싫고, 선택에 책임지기 싫으니 책임을 전가할 상대이자 욕할 대상을 찾는 것에 불과하다. 전문가의 책이나 강의, 기자의 전망 기사에 기대는 것은 아무런 도움이 안 된다. 그들의 말을 그대로 따랐는데 전망이 틀리면 어쩔 것인가? 가서 멱살 잡고 흔들면서 내 돈 물어내라고 따질 것인가?

그래서 내게 남는 건 뭐가 있을까?

그들의 편을 들려는 게 아니다. 원래 부동산 가격 전망을 정확히 맞추기란 쉽지 않다. 부동산은 많은 요소들이 맞물려 돌아간다. 단순히 수요와 공급, 두 요소만이 아니라 정부 정책은 물론 외교, 국방, 국제, 심지어 날씨나 지진, 코로나19와 같은 재해는 물론 살인사건과 같은 사건 사고가 발생했는지 여부도 영향을 미친다.

과거에 모 집값 하락론자가 각종 통계자료를 들이대면서 집값은 떨어질 것이라고 전망한 바 있다. 인구 절벽을 비롯한 탄탄한 근거를 기반으로 한 주장이었지만 집값은 정반대로 움직였다. 그의 실패의 원인은 역대 최저금리 시대가 도래할 것이란 점을 예상하지 못한 점이었다. 코로나19 재앙이 전 세계적으로 퍼지면서 인위적으로 기준금리를 역대 최저치로 낮출 수 있는 가능성까지 예측하지는 못한 것이다. 세계적으로 코로나가 퍼질 줄 누가 알았겠나? 그래서 금리를 낮춰 유동성이 커질 것까지 어떻게 계산할 수 있겠는가? 이런 미래의 인위적인 것까지 예측해 집값을 전망하는 것은 신의 영역 아닐까. 그들의 실력이 없어서가 아니라 부동산 가격에 영향을 미치는 너무 많은 요소들, 여기에 인위적인 요소까지 더해지기 때문이 아닐까 싶다.

더 놀라운 점은 '집값이 오를 것'이라고 전문가 다수가 전망을 내놓으면 그 전망이 수요자의 기대감을 부풀려 집값을 더 오르게 만드는 힘이 있다는 것이다. 즉 전망 자체가 시장을 움직이기에 맞을 수 있는 전망이 결과적으로 달라질 수도 있다.

부동산 투자를 잘한다는 것

그렇다면 전망이나 전망하는 기사는 맞지도 않는 내용이니 쳐다보지도 말라는 것일까? 아니다. 맞출 수도 맞추지 못할 수도 있으니 그 결과에 너무 연연해하지 말라는 뜻이다. 부동산 공부의 핵심을 집값이 오를 것인지 떨어질 것인지에 두면 우리에게 하등 도움되지 않는다. 물론 이를 염두에 두고 공부하는 것은 필요하다. 하지만 그것이 부동산 공부의 목적이자 목표가 되면 성장하는 데 큰 도움이 되지 않는다는 뜻이다.

"저금리에 주택 수요가 늘어 집값이 상승했다."

이 문장이 한눈에 들어왔다면 다행인데 만약 이 이유를 충분히 설명할 수 없다면 그 이유, 논리기작을 정리하는 일을 해나가야 한다. 저금리라는 게 무엇인지, 저금리에는 왜 주택 수요가 늘어나는지, 그러면 집값이 왜 상승하는지 등. 그리고 저금리라면 반드시 주택 수요가 늘어나는지 주택 수요가 늘어나면 반드시 집값이 상승하는지까지 말이다.

부동산은 여러 분야가 맞물려 돌아가는 종합 실용 학문이다. 단순 경제만이 아닌 사회와 정치, 국제, 외교 등까지 시장과 가격에 영향을 받는다. 대체로 이런 요소들에는 패턴이 있고 논리가 존재한다. 가령 위의 예에서 기준금리가 낮아지는 저금리에는 은행에서 대출이자가 낮아지기 때문에 주택담보대출을 받기 수월해 주택 수요가 늘어나는 경향이 있다. 이를 한 번에 '저금리에 주택 수요가 늘어난다'는 논리적인 기작으로 압축해 체득하면 좋다. 이런 다양한 사회경제 외교 등의 환경 변화가 부동산 시장 변화에 어떻게 영향을 미치는지 그 논리적인 구조를 앞으로 이 책에서 '논리기작'이라고 명명하겠다. 앞으로 부린이에게 필요한 것은 최대한 책이든 기사든 강의든 어떤 부동산 관련 콘텐츠든 이와 관련된 많은 부동산 논리기작을 내 것으로 체득하는 것이다.

이런 것들이 많이 쌓이면 나중에 전문가들이 집값의 상승과 하락을 전망하지 않아도, 가령 세계적으로 금리가 인하하거나 인상하면 그에 따라 부동산 시장이 어떻게 달라질지 향후 시장 전망을 스스로 내릴 수 있게 된다. 이에 따라 나만의 부동산 계획을 세울 수 있다는 자신감도 커질 테고. 그러면 "저 전문가가 집값 오른다고 해서 그 말만 믿고 집 샀다가 망했다"는 식의 탄식이나 책임 회피로 시간 낭비하는 일도 사라질 것이다. 이처럼 스스로 판단할 수 있는 힘을 키워가는 것, 그것이 진짜 부동산 공부다.

한두 줄로 정리, 모이면 흐름이 된다

부린이일수록 기사를 읽으면서 이런 논리기작을 최대한 많이 쌓아가는 것이 좋다. 이런 논리기작을 채워가는 동시에 최근 부동산 시장 흐름을 이해하면 된다. 가끔 보면 기사를 읽는다며 스크랩을 하려고 종이 신문을 오려 노트에 붙이는 경우도 있는데, 인터넷 시대인 만큼 굳이 오리고 붙이는 노력까지 할 필요가 있을까 싶다. 기사 양도 많아졌고 이슈도 쏟아지고 있으니 굳이 그럴 필요까진 없을 것 같다. 무엇보다 부동산 공부의 핵심은 지치지 않는 게 중요하니 수고를 최대한 줄이면서 꾸준히 하는 데 방점을 두자.

초반에는 시장이 어떻게 흘러가는지 정리해두면 도움이 되는 만큼 키워드 중심으로 메모하는 것을 추천한다. 내가 자주 보는 수첩이나 SNS, 인터넷 메모장 등에 매일 기사 두세 개 정도를 읽고 한두 줄 정도로 정리하는 습관을 들이자. 거창하게 매일 아침 한두 시간을 들여 정독할 필요도 없다. 그저 하루일과 중 자투리 시간을 활용해 10분만 투자해보자. 가십성 기사를 보거나 유튜브를 볼 시간 대신 부동산 기사를 훑어보는 것만으로도 충분하다. 이왕이면 네이버 부동산 면을 컴퓨터에 즐겨찾기를 해두면 좋겠다. 이렇게 자투리 시간을 할애해 읽은 내용을 스마트폰에 두세 줄 정도로 요약해보자.

가령 기사 세 개를 읽고 위와 같이 정리했다면 간단히 메모하고 넘어간다. 더 정리할 수 있다면 자세히 써도 좋다. 계속 강조하지만 중요한 것은 꾸준히 하는 것이다. 부동산은 어떤 이슈를 파악하는 것보다 시장의 흐름을 이해하는 것이 관건이기 때문이다. 처음부터 거창하게 시작하기보다 내가 조금씩이나마 꾸준히 할 수 있는 수준이 얼만큼인지 가늠해보자. 이렇게 매일 정리한 뒤 한 달이 되면 이것을 묶어서 한 달 분을 정리해보자. 부동산 시장은 보통 분기별(3개월 단위)로 흐름이 바뀌는 경향이 있다. 분기별로도 정리하고 나면, 1년이 지난 뒤 1년 내용을 싹 훑어보자. 부동산은 하나하나 개별 나무를 보는 것도 중요하지만 그해의 부동산 시장 흐름인 숲을 보는게 더 중요하다. 지금 당장 집을 살 것이라면 그 동네의 나무를 샅샅이 살피는 것도 필요하지만 그게 아니라면 전국 부동산 시장의 큰 틀과 방향성을 이해하는 것도 중요하다. 이렇게 흐름을 따라가다 보면 '아! 부동산 시장이 이런 사이클로 움직이는구나' 하고 감을 잡는 순간이 올 것이다. 특히 따로 정리하면 좋은 것이 두 가지 있다.

하나는 부동산 정책이다. 문재인 정부에 부동산 정책이 마구 쏟아졌다. 전·월세살이 하는 부린이라면 임대차 3법, 사전청약에 관심 있는 신혼부부라면 3기 신도시 사전청약 공고는 따로 정리하면 도움이 될 것이다.

다른 하나는 논리기작이다. '저금리에는 대출받기 좋아져서 주택 수요가 늘어나기 때문에 집값 상승세에 영향을 미친다' 같은 문장을 기

> 2022년 2월 20일
>
> 광명시 아파트값
> 보합세 전환.
>
> 빌라 묻지 마 투자
> 사기 주의보.
>
> 청년 월세 지원 확대.

부동산 투자를 잘한다는 것

사에서 봤는데 이를 처음 알게 됐다면 메모해두자.

'아! 저금리에는 대출을 받기 좋아지는구나. 그러면 주택 수요가 늘어날 수 있구나. 그러면 집값 상승세에 영향을 미칠 수 있겠구나.'

이렇게 연결하면서 부동산 지수를 높여보자.

기자가 전해주는
부동산 기사 읽기 팁!

자료 출처가 어디인지 확인하라

기사 중에는 목적이 의심되는 기사도 간간이 발견된다. 광고가 의심되는 기사는 아닐지, 순수하게 부동산 시장과 정책을 알려주기 위한 것이 맞는지 잘 살핀 뒤 기사를 읽기 바란다. 그러려면 선행돼야 하는 것이 기사 자료의 출처다. 자료 제공자가 누구인지, 어느 단체인지, 그곳은 믿을만한 곳인지 살펴보자.

부동산 기사에서 자주 등장하는 곳에는 국토교통부나 한국부동산원, 주택도시보증공사, 한국주택금융공사 등이 있다. 국토교통부는 정부 부처이고 한국부동산원은 국토교통부 산하기관이다. 주택도시보증공사와 한국주택금융공사 등은 공공기관이니 이들 출처의 기사는 안심하고 읽으면 된다. 이 밖에 KB국민은행의 KB부동산과 부동산114 등은 민간 기업이지만 데이터를 제공한 지 꽤 오래돼 꽤 공신력을 갖추고 있다. 건설산업연구원과 주택산업연구원 등에서도 데이터를 제공하고 있으며 은행과 증권사 등에서도 부동산 관련 통계를 다수 발행하고 있다. 통계기사가 나오면 그 통계의 출처가 어디인지 반드시 확인하는 습관이 필요하다. 물론 이들 자료를 갖다 쓴 뒤 뒤에 자신의 아파트 분양단지를 끼워 홍보하는 영악한 광고 수법도 요즘 등장하니 이역시 주의하길 바란다.

최근 부동산 전문가들이 연구소를 차려 나름 통계를 내기도 한다. 이 중 자신이 하는 사업을 홍보할 목적으로 통계를 만들어 배포하는 연구소가 있으니 구분이 필요하다. 지나치게 자주 일부 지역을 언급하거나 일부 아파트단지의 가격이 많이 올랐거나 청약률이 좋다는 식의 언급이 계속 나온다면 기사의 순수성을 의심해보는 것이 필요하다.

집값이 오른 구체적인 지역을 확인하라

집값이 올랐다는 기사를 읽게 되면 단순히 집값이 올랐다는 점에 초점을 두는데, 그 오른 지역이 어디인지 관심을 갖는 것이 중요하다. 부동산은 국지적으로 달리 돌아가는 경향이 있기 때문이다. 특히 부동산 시장이 침체될 때 이런 현상은 두드러진다. 침체되더라도 강세인

곳은 오름세를 이어가고 거품이라고 했던 곳은 크게 떨어지는 양극화를 보일 수 있어서다. 심지어 같은 서울이라고 해도 어떤 지역은 오르고 또 어떤 지역은 떨어진다. 그러니 집값이 요즘 떨어진다고 해서 그렇구나 할 게 아니라 '어디가' 떨어지는지 정확히 구분하며 읽는 습관이 필요하다. 심지어 같은 동네라고 하더라도 어떤 아파트는 오르고 옆 단지 아파트는 떨어질 수도 있다.

가격이 무엇을 말하는지 체크하라

부동산이 유독 어렵게 느껴지는 이유 중 하나는 가격에도 이름이 여러 개란 점이다. 기사에서는 가격이란 이름 하나로 표현되지만 이 가격이 도대체 어떤 가격을 말하는지 문맥에서 파악해야 한다. 가격에는 크게 네 가지가 있다.

호가와 실거래가, 감정가, 공시가격이 바로 그것이다. 주로 기사에서 혼동되는 것은 앞의 둘이니 우선 이를 비교 설명해본다. 처음에 집을 사고하는 과정은 집주인이 집을 내놓는 것부터 시작한다. 집주인이 이 집을 얼마에 내놓겠다고 말을 하는데, 그 가격을 호가라 한다. 즉 집주인이 원하는 가격. 공인중개사무소에 가보면 집을 얼마에 팔겠다고 벽에 붙여놓은 가격이다. 직방이나 다방과 같은 앱이나 네이버에 올라온 부동산 매물에 써 있는 가격도 호가다.

부동산 투자를 잘한다는 것

막상 집을 사려는데 가격이 비싸다고 느끼면 흥정을 한다. 그 끝에 가격을 낮춰 5000만 원이나 깎아 계약했다면 어떻게 될까? 이렇게 실제로 거래된 가격을 실거래가라고 한다. 이 경우 호가와 실거래가는 5000만 원이나 차이 나게 된다.

이번에는 감정가를 설명하기 위해 KBS 2TV에서 방영했던 'TV쇼 진품명품' 프로그램을 예로 들어보자. 진품명품에서 MC가 "감정가는 얼마?"라고 크게 외친다. 이때 감정평가사가 골동품을 살펴본 뒤 가격을 책정하는 것처럼 주택의 감정가도 마찬가지다. 감정평가사라는 전문가가 정해진 기준에 따라 부동산 가격을 책정해 형성된 가격이 감정가다. 이는 주로 부동산 경매 등에 활용된다.

공시가격은 나라에서 세금을 걷기 위해 주택마다 책정해 매긴 가격이다. 이 주택은 얼마이니 다음번에 재산세를 낼 때 이 가격에 몇 퍼센트로 세금을 내도록 요구하기 위해 공시한 가격을 말한다.

보통 기사에는 가격을 두고 이는 호가다, 실거래가다 하며 따로 명시하지 않는다. 하지만 시장 상황에 따라 호가와 실거래가가 많이 차이 나면 같은 아파트라도 수천에서 억 단위로도 차이 날 수 있다. 그 얘기는 집주인이 욕심을 부려 터무니없이 비싸게 불렀지만 결국 사려는 사람과 협상하는 과정에서 1억 원이나 깎아 거래가 체결됐다는 얘기다. 불가능한 일은 아니다. 액수가 큰 매물에서 자주 발생하는 일이다. 그런데 이런 것들이 기사에서는 잘 드러나지 않는다. 문맥에서 살펴야 한다. 기사에서 상황을 파악하며 과연 이 가격은 호가인가 실거래가인가, 그래야 시장을 왜곡하지 않고 제대로 이해할 수 있다.

주간 단위인지 월간 단위인지 확인하라

통계기사 중 상당수가 주간 단위로 쓰인다. 주간 아파트 가격 동향은 그야말로 주간 단위로 아파트값이 얼마나 올랐는지 보여주는 자료다. 그런데 생각해보자. 과연 아파트값을 주간 단위로 집계할 수 있을까? 아파트값은 주가와 달리 주간 단위로 집계하는 게 어렵다. 아파트가 일주일 단위로 얼마나 오를 것이며, 일주일에 얼마나 많은 계약이 체결될 것인지 예측하기 어렵기 때문이다. 그래서 주간마다 집계되는 시세 통계는 실거래가격이 아닌 호가를 바탕으로 산출됐다고 봐야 한다. 실제로 거래된 가격이 아닌 공인중개사무소에 집주인이 내놓은 가격 통계란 뜻이다.

그러니 기사나 자료에서 주간 아파트 가격이 얼마 올랐다며 호들갑 떨지 말자. '아 집주인들이 이렇게 높은 가격에 공인중개사 사무소에 내놨다는 뜻이구나, 요즘 시장 분위기가 달아올랐구나, 기대감이 커지고 있구나' 정도로만 해석하면 된다. 실제 그 가격으로 거래됐다는 뜻은 아니니까. 실제로 가격이 움직였는지를 보여주는 월간 단위 통계부터 의미를 부여하는 게 좋다. 가끔 기자들이 기사를 주간 단위로 계속 쓰면서 의미를 크게 부여하곤 하는데, 과도한 공포심을 조장하는 것은

부동산 투자를 잘한다는 것

아닌지 비판적으로 보는 게 좋다. 그렇게 시장 보는 눈을 키워보자.

기사 작성 시점을 확인하라

최근에는 종이 신문을 넘어 인터넷으로 기사를 더 많이 접하다보니, 자신도 모르게 한참 지난 기사를 읽고 있는 때도 있다. 키워드를 검색해서 기사를 읽고 있다면 반드시 이 기사가 나온 시점이 언제인지 파악해야 한다. 같은 아파트라고 해도 연초와 연말의 가격이 다르기 때문이다. 부동산 시장은 움직이는 생물과 같다. 그래서 자신이 포착한 순간이 언제인지 시점을 정확하게 파악해야 실수하지 않을 수 있다.

특히 재건축에 돌입했다는 기사 내용의 시점이 언제인지 반드시 파악해야 한다. 그사이 재건축 추진위원회가 해체되었을 수도 있다. 집값이 3억 원이라고 해서 '와 싸다' 하고 접근했는데, 막상 가보니 2년 전 가격이라면 기사를 안 읽은 만 못하게 된다. 그사이 집값이 세 배 이상 올랐을지 누가 알겠나? 그러니 기사를 읽을 때는 반드시 그 기사가 나온 시점을 꼭 파악하는 습관을 들이자.

4

앱과 사이트의 생활화, 알아야 가치를 알아본다!

　기자로서 여러 경제 분야를 취재해봤지만 가장 힘든 분야는 단연 부동산이었다. 부동산은 주식이나 여타 다른 재테크 분야보다 발전이 느리다. 2014~2015년 부동산 부서에서 취재할 때만 해도 제대로 된 통계도 찾아보기 힘들었다. 그렇다 보니 시세 하나를 보려고 해도 디지털 데이터가 없어 발품을 팔거나 지역마다 공인중개사무소에 전화를 걸어 물어보는 수고를 해야 했다. 수년이 지난 현재, 부동산 시장은 빠르게 성장했다. 시세는 물론 부동산 관련 각종 정보를 앱이나 인터넷에서 조금만 검색하더라도 나올 정도가 됐으니까. 누구나 앉아서 인터넷만 접속하면, 심지어 손안에 항상 있는 스마트폰만 열어도 언제 어디서든 아파트 내부 구조까지 확인할 수 있는 시대가 되었다.

　아는 만큼 보인다는 말이 있다. 10억 원짜리 집이 비싼지 싼지 알아야 그 집이 시세보다 가격이 낮은 매물로 나왔을 때 낚아챌 수 있다. 그 안목이 없으면 원래 가격보다 아무리 낮아도 살 용기가 나질 않는 법이다. 단지 10억 원이란 절대적인 금액만 보고 '너무 비싼 집이야' 하고 눈을 돌려버릴 것이다. 원래 이 집이 20억 원짜리 집이라도 말이다. 바로 이 집이 안목이 없어서다. 그렇다면 어떻게 해야 할까? 평소 진가를 알아볼 수 있는 안목을 키워야 한다.

다행히 최근에 많은 프롭테크(proptech)가 출시되었다. 이 같은 부동산 관련 앱을 스마트폰에 다운 받자. 이전에 인터넷에서 연예인 신변 잡기를 검색하며 킬링타임을 보냈다면, 이젠 부동산 앱을 열고 시세를 살펴보는 것에 시간을 알차게 쓰자. 그렇다고 일부러 시간을 내서 공부할 필요까지는 없다. 화장실에서 줄을 서서 기다릴 때, 식당에서 음식이 나오기 전, 극장에서 영화 시간을 기다릴 때, 친구 만나기 전 등 자투리 시간을 활용하자. 내가 관심 있게 봤던 아파트단지를 즐겨찾기 해두고, 요즘 시세가 어떤지 아파트값이 올랐는지 요즘 어떤 매물이 나왔는지 등을 확인하는 것이다. 갑자기 급매물이 나왔다면 이건 왜 나왔는지 세부적인 내용도 확인해보자. 정독까지는 아니더라도 한 번씩 눈에 익혀두면 분명 조금씩 안목이 생기는 것이 느껴질 것이다.

5

어떤 집이 좋을까,
꼭 따져야 할 입지 5요소

100평짜리 산골 주택과 강남 10평 아파트 중 어디가 더 비쌀까? 그냥 봐도 강남 10평 아파트가 더 비쌀 것 같다. 즉 집은 이처럼 어디에 위치하느냐가 중요할 수밖에 없다. 부동산은 '아닐 부', '움직일 동', 움직이지 않는 재산이다보니 특히 그 대상이 어디에 위치해 있는지가 정말 중요하다. 왜냐면 우리는 그 집을 이용하는 것뿐 아니라 위치에 따라 달라지는 주변 환경 등을 누릴 수 있기 때문이다. 어디에 위치해 있으며 그 장소가 주는 부동산적인 효과를 '입지'라 한다. 입지에는 크게 다섯 가지 요소가 있다. 바로 이 입지 다섯 가지가 부동산의 가치를 결정하는 주요 요소다. 이 다섯 가지가 결합되어 집값이 결정된다.

배우자감으로 모든 면에서 완벽한 사람은 없다. 물론 내 눈에 다 좋은 사람은 있을 수 있겠지만 내가 사랑해서 좋은 것일 뿐 모든 면에서

부동산 투자를 잘한다는 것

완벽한 사람은 없다. 그래서 살면서 내가 중요하게 생각하는 것이 무엇인지를 따져봐야 한다. 그리고 어떤 것을 절대로 포기하지 못하는지 우선순위를 따져보자. 집도 마찬가지다. 자기에게 꼭 필수 주거 요건이 무엇인지 생각해보자. 그리고 입지의 5요소는 무엇일지 스스로 생각해보면서 다음에 설명하는 것들에 대해 알아보자.

1. 움직이지 못하는 집, 가장 중요한 것은 '교통'

최단 거리를 직선으로 빠르게 '지하철'

서울 아파트값이 크게 오르다보니 경기와 인천 등 수도권 외곽으로 이사 간 사람들이 많다. 이런 사람들로 지난 2021년 인천 집값이 전국 17개 시도에서 가장 많이 올랐을 정도. 집값이 오를수록 사람들이 주요 도심을 떠나 점차 외곽으로 이동하는데, 이때 중요한 것이 바로 교통수단이다.

주요 교통수단 하면 떠오르는 게 있으니 바로 지하철이다. 출퇴근 비교적 최단 거리로 정확한 시간에 도달할 수 있다는 장점이 있기 때문이다. 그래서 지하철역 근처에 있는 아파트일수록 인기가 높다. 지하철역에서 가까운 곳을 '역세권'이라 하며 이곳에 있는 아파트의 수요가 높아 집값도 상승하는 경향이 있다.

서울 영등포구 당산동 서울지하철 2호선 당산역 인근을 살펴보자.

이곳에 같은 래미안 브랜드를 쓰는 두 아파트가 있다. 한 곳은 지하철 당산역에서 도보 4분 거리, 다른 한 곳은 도보 10분 거리에 위치해 있다. 두 아파트단지의 가격은 2022년 5월 초 기준 109㎡ 타입 아파트의 평단가(3.3㎡당 가격)가 4779만 원, 4303만 원으로 약 476만 원 차이 난다. 물론 집값이 차이 나는 이유는 다른 요소도 있겠지만 지하철까지의 거리가 큰 영향을 준다. 6분밖에 차이 나지 않는데도 평당 476만 원 차이로, 30평이라면 1억 4280만 원이 더 비싼 것이다.

그렇다면 어디까지를 역세권으로 봐야 할까? 보통 역에서 반경 500~800m 내, 도보 10분 내외를 역세권이라고 본다. 모델하우스에서 분양하는 아파트가 역세권 단지라고 홍보할 때가 있다. 역에서 도보로 10분 걸린다며, 역세권 프리미엄을 얹어 분양가를 인근 아파트 시세보다 높였다고 설명하는데 직접 가보면 10분이 훌쩍 넘는 때가 많다.

홍보하는 입장에서는 약간의 과장과 허풍을 섞었을 수 있지만 이 과정에서 '역세권 프리미엄'이란 말로 포장돼 분양가를 높일 수 있기에, 정말 역세권이 맞는지 발품을 팔아 꼭 검증해봐야 한다. 부동산에서 역세권은 수요와 집값에 중요한 역할을 한다는 점을.

물론 직접 발품을 팔기 귀찮을 때도 있다. 지금 당장 매입할 집이 아니고 알아보는 용도일 때 말이다. 잠시 검색하는 정도로만 알고 싶다면, 손쉽게 해결할 수 있는 방법도 있다. 네이버나 다음 지도에서 지하철역과 해당 아파트단지를 누른 뒤 도보로 걸리는 시간을 측정하면 실제로 가보지 않아도 대략 가늠할 수 있다. 하지만 늘 강조하면 부동산의 답은 현장에 있다. 귀찮아도 늘 현장에 가려는 노력을 게을리하지 말아야 한다. 그런 노력을 기울이다보면 자신도 모르게 부동산 지수가 팍팍 늘어날 것이다. 또 현장에 직접 가서 살펴보다보면 예상치 못한 수확물을 거두기도 한다. 그러니 열심히 발품을 팔자.

지하철이라고 다 같은 지하철이 아니란 점도 유념할 포인트다. 서울 지하철의 경우 지하철역이라고 다 같은 가치를 갖는 것이 아니다. 서울을 놓고 비교하면 서울의 주요 업무지구인 강남과 광화문, 종로, 여의도 일대는 모든 이들이 선호하는 곳이다. 이들 선호 지역을 지나는 지하철의 가치가 다른 곳보다 더 높기에, 이들 지역을 지나는 지하철과 아닌 지하철 사이 가치 차이가 난다.

강남 권역을 지나치는 지하철, 특히 강남역과 서초역, 잠실역, 송파역 등 주요 강남 3구를 지나는 지하철 2호선의 인기가 높은 이유다. 특히 2호선은 전국 곳곳으로 이동하기 좋은 강변역 동서울지하차도와도 연결돼 있다는 점에서도 매력적이다. 이와 유사한 지하철 라인이 9호선이다. 강남역은 아니지만 강남권에 빠르게 진입할 수 있어 황금 라인으로 꼽힌다. 여의도부터 신논현역, 잠실새내역 등을 지나 강남권에 도달할 수 있고, 고속터미널역이 있어 전국으로 이동하기 쉽다.

이처럼 같은 역세권이라도 2호선이나 9호선이 지나친다면 역세권의 힘이 더 크게 발휘된다. 게다가 역이 한 개 지나치는지 두 개 혹은 세 개 지나치는지에 따라서도 가치가 달라진다. 그만큼 사통팔달 뻗어갈 수 있는 곳이란 뜻이기 때문이다. 이는 역세권을 넘어 '더블 역세권', '트리플 역세권'이란 말로 표현되며 같은 조건이라면 집값이 더 높은 경향이 있다.

광역 교통의 핵심으로 떠오르는 GTX

지하철에 이어 주목해야 할 교통수단이 GTX(Great Train Express), 광역 급행 노선이다. 도시철도가 시속 80㎞인데 비해 정차까지 합쳐 100~200㎞로 달리다보니, 서울로 진입하는 속도가 두 배 빨라졌다.

GTX가 지나는 지역은 이전보다 서울과 수도권, 주요 도심에 더 빨리 도달할 수 있다는 점에서 인기가 높다. 자연스럽게 주택 수요도 늘어나면서 집값 상승 요인이 된다. 지하철역과 함께 GTX가 어디를 지나는지 살펴보면 도움이 된다. 다만 GTX가 아직 들어서지도 않았는데, 들어설 것이란 기대감만으로 집값이 지나치게 뛰진 않았는지 주의할 필요가 있다. 인근 공인중개사나 분양사업주들이 이것을 홍보 마케팅 수단으로 집값을 올리는 경우가 있어서다.

GTX는 GTX-A, B, C, D 네 개의 노선이 있다. GTX 역시 어디를 지나는지에 따라 가치를 달리한다. GTX 역시 강남권역을 지나는 노선의 인기가 제일 많다. 그다음은 용산과 서울역 일대, 여의도 등을 지나는 라인의 인기가 많다. 우리 동네 앞을 지나는 GTX를 인기 지역을 지나는 노선과 연결해달라는 시위를 벌이는 이유이기도 하다. 다시 말하면 내가 구하려는 집 앞으로 GTX가 다닌다는 이야기를 들었다면, 이 GTX가 어느 지역을 지나가는 노선인지 확인하는 것이 필요하다는 뜻이다.

부동산 투자를 잘한다는 것

교통의 모세혈관 '버스'

지하철과 GTX가 내 집 앞으로 다니면 좋겠지만 그런 집은 가격이 비싸 구하지 못할 수 있다. 그렇다면 적어도 버스정류장이 가까이 있는지 확인해보자. 버스를 이용해 지하철역이나 GTX 등까지 접근성이 좋다면 갈아타는 번거로움이 있겠지만 그 또한 나쁘지 않다.

버스는 지하철보다 교통수단으로서 매력이 떨어지는 편이다. 이동 시간대가 정확하지 않기 때문이다. 사통팔달 전역으로 달리는 버스 노선이 풍부하다면 이 같은 핸디캡을 충분히 커버할 수 있다. 심지어 광역버스 노선이 있다면 지하철을 능가하는 매력으로 작용한다. 집에서 버스정류장까지 도보거리가 어느 정도인지 살피는 것도 필요하다. 가까울수록 노선이 다양할수록, 버스 배차 간격이 짧을수록 입지 힘을 발휘할 것이다.

2. 출퇴근이 너무 힘들어서, '직주 근접'

직주 근접의 중요성을 꼽으면, 교통과 무엇이 다르냐는 의문을 제기할지 모르겠다. 다른 지역으로 이동하는 것이 교통이라면, 일하는 직장과 집의 접근성을 고민하는 것이 직주 근접이라고 구분할 수 있다.

지난 2019년 잡코리아와 알바몬의 설문조사에 따르면 서울 경인 지역에 거주하는 직장인들이 출퇴근하는 데 하루 평균 약 2시간 15분을 쓴다. 2시간 15분은 많은 일을 할 수 있는 시간이다. 잠을 더 잘 수도 있지만 자기계발 등 생산적인 일을 할 수도 있다. 게다가 직장인의 가장 큰 스트레스가 만원 버스, 출퇴근이라고 할 정도로 힘들고 긴 시간이다.

직주 근접이 좋은 집이 단순히 직장 옆에 있는 집을 말하는 게 아니다. 직장까지 도달하기 유리한 집을 말한다. 그렇다면 여기에서 궁금해진다. 직장이란 무얼 말할까? 서울에서 대표적인 업무지구를 크게 세 지역으로 구분한다. 종로·광화문 일대인 도심업무지구 'CBD(Central Business District)', 여의도 업무지구(YBD, Yeouido Business District)', 강남업무지구GBD(Gangnam Business District)'. 이 밖에도 새롭게 태동한 업무지구로는 잠실과 양재, 마곡, DMC, 경기 광명시와 판교신도시 등을 들 수 있다. 즉 직주 근접의 관점에서 좋은 집이란 이 같은 대표적인 업무지구와 내가 사는 곳까지 이동이 편리한 집을 말한다. 이런 집은 대부분의 사람들의 출·퇴근을 편리하게 해주는 집인 만큼 수요가 많아 집값이 높게 형성되는 측면이 있다.

반대로 내가 살고 있는 동네에 일자리가 많이 늘어나는 것도 직주 근접 차원에서 접근할 수 있다. 우리 동네에 공장이나 산업단지가 들어서는 것, 공기업이 이전하는 것 등을 예로 들어보자. 이곳에 근무하는 분들이 자연스럽게 출퇴근하기 좋은, 접근성이 좋은 곳을 찾아 집을 구할 것이다. 그런 수요가 늘어나면서 집값이 오르고 직주 근접 좋은 입지로 가치가 상승하며 집값이 덩달아 오를 것이다.

하지만 주의할 점이 있다. 직주 근접이 집값 상승 요소가 되지만 반드시 집값을 상승하게 만드는 것은 아니란 점이다. 예로 들어, 경기 평택시에 삼성전자 반도체 공장이 증설된다는 소식에 "이건 평택의 호재다. 평택의 집값이 엄청 오를 거야"라며 기사가 굉장히 많이 나왔다. 하지만 지난 2018년 평택의 집값은 오히려 떨어졌다. 당시 평택을 포함한 경기도 집값이 오히려 오른 것과 대조적이다.

왜 그랬을까? 평택에 일자리가 늘어나면서 직주 근접이 좋아질 것이란 점을 간파한 분양사업자들이 아파트를 대거 분양했기 때문이다. 입주 물량이 단기간에 늘면서 수요를 넘어섰고, 결국 집값이 하락한 것이다. 집값을 볼 때 단 하나의 요소만 보고 판단하면 낭패를 볼 수 있다는 교훈을 얻을 수 있다. 직주 근접이 집값의 주요한 요소이긴 하지만 이것만이 유일한 요소는 아니라는 점, 다른 요소와 종합적으로 고려해야 실패하지 않는다는 점을 유념해야겠다.

3. 최근 다시 떠오르는, 상권과 편의시설

예전에 상가가 밀집한 곳은 시끄럽다, 취객이 많아 위험하다며 선호도가 떨어지는 면이 있었다. 하지만 최근에 1인 가구가 늘어나며 병원이나 상가를 비롯한 편의시설이 가까이 있는지 따져보는 경향이 커지고 있다. 이를 가장 잘 보여주는 예가 최근 주상복합의 인기가 커지는 것을 들 수 있다.

1~2층은 상가, 그 위는 오피스텔이나 아파트로 돼 있는 건물을 주상복합이라 한다. 아래층이 상가란 점에서 관리비가 많이 나오기도 하고, 일반인들이 많이 지나다녀 시끄럽거나 치안에 취약하다는 점에서 한때 외면받았다. 하지만 최근 다시 수요가 늘어나는 분위기다. 1층에 병원이나 약국 등이 가까이 있어 편리하다는 점에서다. 관리비를 더 내면서라도 편리함을 사겠다는 뜻이기도 하다. 최근 1인 가구를 비롯 핵가족화되면서 상권이 가까이 있는 집에 대한 수요가 커지고 있다는 뜻이 아닐까.

아울러 코로나19 팬데믹 시기에 거리 두기가 강화되다보니 멀리 나가지 못한 사람들이 늘어났다. 많은 사람들이 온라인 쇼핑이나 배달음식을 먹는 소비 패턴이 강했지만, 팬데믹에서 엔데믹(풍토병화)으로 바뀌면서 그동안 억눌렸던 사람들이 오프라인 쇼핑을 즐기는 분위기로 바뀌고 있다. 이에 집 근처 쇼핑몰이나 편의시설, 상권에 대한 사람들의 선호도가 높아질 것으로 예상된다.

집을 구할 때 집 근처 편의시설에 대한 확인도 필요하다. 임장을 가서 눈으로 직접 보는 것도 좋지만, 앱에서 미리 확인하면 시간을 단축할 수 있다. 호갱노노나 직방, KB부동산 등 앱에서 아파트단지를 누르면 그 단지에서 몇 미터 떨어진 곳에 상가 등 편의시설이 있는지 살필 수 있다. 상권이 입지로 떠오르다보니 관련 신조어도 떠오르고 있다. 백화점이나 마트가 근처에 있는 집을 '몰세권', 1인 가구가 선호하는 편의점이 도보거리에 있다면 '편세권', 심지어 스타벅스가 있다면 '스세권'이라고 부르는 식이다.

4. 엄마의 마음이 만든 입지, '학군'

요즘 학교들이 평준화되고 있다지만, 아이 가진 지인들 말을 들어보면 엄마의 마음은 그렇지 않은가 보다. 평범해도 괜찮으니 건강하게만 자라달라던 엄마들이 취학 전만 되면 돌변하더라. 좋은 학교 좋은 학원가를 찾아 눈에 불을 켜더라고. '맹모삼천지교(孟母三遷之敎)'란 말이 나왔던 그 옛날부터 지금까지 학군은 입지의 중요한 요소로 자리 잡아왔다.

학군에서 중요한 것은 명문 학교에 갈 수 있는지 여부이지만, 근처에 학원가가 잘 발달되어 있느냐도 한몫한다. 면학 분위기가 조성되어 있는지 여부도 주요 요소 중 하나다. 이런 요소들을 잘 갖춰 좋은 학군으로 언급되는 곳들이 어디인지 알아보자.

서울에서는 학원가 1번지라 불리는 강남구 대치동, 2번지는 양천구 목동이 있다. 한강 이북에서는 노원구, 중계동에 은행사거리 인근 학원가도 거론된다. 수도권에서는 경기도 분당과 판교, 영통, 평촌 등이 있다. 지방에서는 대전과 세종시도 공무원이 유입되면서 좋은 학군으로 떠오르고 있다. 영남 최대 학군은 대구 수성구다. 이왕이면 면학 분위기가 좋은 동네에서 아이를 키우고 싶어 하는 엄마들의 마음이 그 동네로 이사 가고 싶게 만들고, 그런 수요가 몰리면서 해당 지역 집값이 인근 지역보다 높게 형성된다.

면학 분위기가 형성되는 것도 중요하지만, 이왕이면 더 좋은 중학교, 더 좋은 고등학교, 더 좋은 대학교를 보내는 학교에 배정되는 것도 중요하다. 같은 동네에서도 어떤 초등학교, 어떤 중학교에 배정되는지에 따라 아파트 시세가 조금씩 차이 나기도 한다. 만약 취학 전 자녀가 있다면 해당 아파트가 어느 학교로 배정되는지 확인하는 것도 필요하다. 또한 초등학교의 경우 해당 아파트단지에서 초등학교까지 어떻게 가는지도 가격에 영향을 미친다. 학교가 아파트단지 내에 있다면 비교적 안전하게 등하교할 수 있다는 점에서다. 이런 단지를 '초품아(초등학교를 품은 아파트)'라고 한다. 횡단보도나 차로를 건너지 않고 등교할 수 있는지 여부에 따라 집값이 벌어지기도 한다.

추가로 평준화된 학교라도 평이 좋은 학교인지 아닌지 간접적으로 알아보는 팁이 있다. 전입보다 전출 인구보다 많은지 살펴보는 방법이다. 전출 학생이 더 많다면 점차 학생들이 빠져나가고 있다는 뜻이니, 간접적으로 왜 그럴까 생각해보면 답이 나오지 않을까. 더 자세한 학교 정보는 교육부의 '학교 알리미' 홈페이지에서 확인할 수 있다.

부동산 투자를 잘한다는 것

학교 알리미 사이트

5. 도시가 발달해도 여전히 인기 있는 '자연환경'

아무리 도시의 편리함이 크다고 해도 인간은 자연과 떼려야 뗄 수 없는 존재다. 자연환경에서 사람들이 선호하는 것은 숲과 같은 녹지 공간이 첫 번째, 강과 같은 물이 두 번째다. 녹지 공간을 보통 역세권을 따서 '숲세권'이라고 부른다. 사람에게 적당한 휴식이 필요하다보니 적당한 비율의 녹지 공간이 갖춰진 집에 대한 선호도도 높은 편이다. 강이나 바다가 보이는 집은 가격이 꽤 높다. 강이 내려다보이는 집을 '리버 뷰'라고 하는데, 실제로 살아본 사람들은 가격에 비해 그렇게 만족도가 높지는 않지만 아무나 가질 수 없는 그 희소성에 가격과 인기는 꾸준하다.

반대로 환경적으로 사람들이 싫어하는 곳이 있다. 혐오 시설이라고 불리는 곳이다. 소각장이나 장례식장, 공항 근처다. 이런 곳은 같은 브랜드, 같은 크기의 아파트라도 가격이 저렴한 편이다. 우리 동네에 이런 시설이 들어서면 주민들이 집값이 떨어진다며 반대하는데, 이를 님비(NIMBY, Not In My Back Yard) 현상이라고 부른다.

그렇다면 교통만 편리하면, 아니면 상권이 발달돼 있으면 최고일까? 입지를 따질 때 한 가지 요소만 보고 단순 판단하면 안 된다. 입지 트렌드는 계속 바뀐다. 코로나19 사태로 재택근무가 계속되면서 온라인 쇼핑을 하느라 직주 근접과 상권의 중요도가 떨어졌었다. 하지만 코로나 엔데믹으로 다시 직주 근접과 쇼핑몰의 중요성이 커지고 있다. 즉 부동산 공부도 중요하지만 사회적으로 당시 유행하는 최신 트렌드 변화에 관심을 갖는 것도 필요하다. 이를 접목해야 좋은 입지의 부동산을 잡을 수 있다는 것도 유념하자.

부동산 투자를 잘한다는 것

6

홀리면 안 될
집값의 신기루

부동산 시장에서는 미래에 일어날 일을 두고 가격을 책정하는 때가 많다. 현재의 가치를 매겨 가격을 책정하는 게 아닌 미래에 어떻게 변화할 것이란 것을 기대하며 가격을 올려 매기는 것이다. 미래에 '그럴 것'이란 예상과 전망, 기대치 등을 가격에 반영해 실제 가치보다 높은 가격으로 책정하는 경우가 허다하다. 이는 '개발 호재'라는 말로 종종 포장되곤 한다.

개발 호재로 가장 많이 거론되는 것들은 무엇이 있을까? 대표적인 것은 바로 '교통'이다. 집을 고를 때 우리가 가장 먼저 고려하는 것이 앞서 말한 입지의 첫 번째 요소는 바로 교통이다. 집은 움직이지 못하는 것이다보니 우리가 얼마나 다른 곳에 빠르게 이동할 수 있는지 이 접근성이 부동산에서 정말 중요한 요소다. 교통이 얼마나 편리한지 즉 버스정류장이나 지하철이 얼마나 가까운지, 지하철이 있다면 더블 혹은 트리플 역세권인지 따져보지 않나. 더 나아가 앞으로 지하철역이 개통된다고 가정해보자. 이때부터 우리는 잘 구분해야 한다. 지하철역이 인근에 들어설 '예정'이며 버스정류장도 생길 '예정'이고 고속도로도 곧 개통'될 예정'이란 식이다. 가령 이 사업이 정말로 착공 단계에 들어선 상황인지 줄여서 '예타'라고 말하는 예비타당성 조사를 통과한 수준인지를 구분해야 한다.

착공에 돌입했다면 사실상 완성된 수준이기에 믿어도 되겠지만 예비타당성 조사를 통과한 수준이라면 언제든지 취소될 수 있는 단계이므로 그것만 믿고 프리미엄까지 주고 구입했다가는 덤터기 썼다고 나중에 후회할 수 있다. 나중에 지역 주민의 거센 반대에 부딪히거나 예산 문제로 취소되는 일이 허다하다. 공사를 하다 땅에서 문화유적지가 나오면서 취소될지 누가 알겠나. 어쨌든 그들이 개발 호재가 있으니 집값을 올려받겠다고 '홍보 마케팅'하는 그 교통망은 지금 여러분의 눈앞에는 없는 '신기루 가격'이다. 그렇기에 그 가격을 여러분이 미래 가치를 염두에 두고 투자할 만한 값어치가 있는 것인지 똑똑히 알아볼 안목을 갖춰야 한다.

이런 신기루 가격은 특히 이제 막 개발 중인 택지지구나 신도시에서 더 많이 찾아볼 수 있다. 아직 기반시설이 갖춰지지 않아 아파트가 이제 지어지고 있는 곳이다. '~할 예정', '~가 들어설 곳', '~할 전망', '~수혜가 예상' 등의 신기루 가격이 더해질 수식어를 쉽게 찾아볼 수 있다.

부동산 투자를 잘한다는 것

가령 이곳에 대형 쇼핑몰이 들어설 예정이고, 관공소가 이전할 예정이며, KTX역이 조성될 것이란 식으로다. 물론 큰 쇼핑몰이 들어서면 유동인구가 늘어나면서 상권에 활력이 생기고 이로 인해 집값도 오를 수밖에 없다. 거주 편의성이 높아지니 더 가격을 주고도 살 만한 가치가 있지 않겠나. 관공소가 이전한다는 것은 그곳에 다니는 직장인들이 있으니 거주 수요가 늘어날 테고, 그만큼 주택 수요도 늘어나면서 집값도 오르는 경향이 있다. KTX역이 조성되는 것 역시 교통 호재이니 모두 긍정적인 요소이고 개발 호재들이다. 하지만 지금 눈앞에 없는 것을 고려하고 이에 값을 매겨 집을 사야 하는 부담감도 있다. 예상치 못한 사건이 벌어져 KTX역 조성계획이 무산될 수 있고 관공소 이전 계획을 정부에서 철회할지 누가 알겠나. 이미 나는 그런 미래 가치가 반영된 높은 분양가를 치렀는데 말이다. 이런 일들을 잘 따져봐야 낭패를 보지 않을 것이다.

실제로 개발 호재를 믿고 높은 가격에 매입했다가 '신기루'처럼 사라질 뻔한 사연도 종종 들려온다. '배곳신도시'를 예로 들 수 있다. 배곳신도시는 서울대 일부 캠퍼스가 이곳에 이전하면서 교육 신도시를 조성한다는 조건으로 부모들의 마음을 사로잡았다. 당시 대치동에 맞먹는 곳으로 자리 잡을 것이란 기대감에, 인근 경기 시흥시 대비 낮지 않은 분양가로 책정했다. 어느 정도 사업이 진행되었을 때, 서울대가 이전하지 않을 수 있다는 소식이 전해졌다. 이에 배곳신도시에 청약을 받은 주민들의 반대로 논란이 됐다. 대부분의 청약자들이 단순히 아파트만 보고 매입했을 리 없다. '서울대 이전'이라는 호재를 보고 분양가를 치렀을 것이다. 하지만 서울대 입장에서는 계획을 철회할 수도 있지 않겠나. 워낙 부동산 개발이라는 것이 긴 시간 동안 벌어지는 사업이다보니 그사이 계획에 차질이 생길 수도 있는 일이다.

이제 막 개발 중인 택지지구나 신도시 모델하우스에는 이 같은 신기루 가격 홍보를 찾아보기 쉽다. 아직 기반시설이 잘 갖춰져 있지 않아 아파트가 하나둘 생기고 있는 지역을 살펴보자. 보통 이곳 아파트 분양 홍보에는 '~것'이라는 표현을 유독 많이 찾아볼 수 있다. 이곳에 관공소가 이전할 것이며, KTX역이 들어설 계획이고 유명 브랜드가 입점할 예정이라는 식이다. 큰 쇼핑몰이 조성되면 주변에 사람들이 많이 몰릴 것이며 인근 상가가 덩달아 수입이 늘어나기 때문이다. 상권이 활성화하면 생활 인프라가 개선되면서 아파트값도 뛰지 않겠냐는 설명이다. 이런 이유로 사업주는 주변 시세보다 높게 분양가를 책정한다. 중요한 것은 지금 여기에 KTX역과 유명 브랜드와 쇼핑몰, 관공소는 없다는 점이다. 다만 그럴 계획만 있을 뿐이다. 정말 운이 나쁘면 이 모든 계획이 철회될 수 있다. 다 지어지기 전까지는 모를 일이다. 그런데도 우리는 이 계획이 관철될 것이라는 말만 믿고 미래에 이런 개발 호재 덕분에 집값이 뛸 것이란 가치를 매겨 집값을 치르고 있는 셈이다. 물론 말대로 된다면 얼마나 좋을까? 히지만 그 반대의 경우도 발생할 수 있다는 점을 꼭 생각해야 한다. 완성되기까지 건설 공사는 긴 세월이 걸리고, 그때까지 사업에는 변수가 있기 마련이다.

부동산 투자를 잘한다는 것

7

지금 좋은 집
vs 앞으로 좋아질 집

　신축에 누가 봐도 좋은 집을 사면 정말 좋겠지만, 그러기 쉽지 않다. 우리가 갖고 있는 돈은 한정적이고 그런 집은 누구나 살고 싶은 집이니까. 그렇기에 자금이 충분치 않은 부린이라면 지금 좋은 집보다 앞으로 좋아질 집을 찾는 게 필요하다. 즉 그런 안목을 키우는 게 부린이의 공부법이다. 그렇다면 그런 집은 어떻게 찾아야 할까?

　방법은 도시기본계획을 살피는 것이다. 도시마다 앞으로 우리 도시는 이렇게 개발할 것이라며 큰 틀에서 이런 방향으로 개발하겠다는 청사진을 보여주는데, 이를 확인하는 것이 방법이 될 수 있다. 물론 계획이다보니 조금은 추상적이고 가늠하기 어려우며, 중간에 수정될 수 있다는 단점도 있다. 하지만 큰 틀에서 관심 지역의 미래를 가늠해볼 수 있다는 점에서 충분히 활용할 만한 가치가 있다. 이 동네가 지금은 허름하지만 10년 뒤에는, 20년 뒤에는 달라질 여지가 있지 않을까? 이 동네의 개발 축이라든지 방향성은 어떻게 될까? 큰 틀에서 가늠하게 도와줄 것이다.

가령 서울은 앞서 '2030개발 계획'을 발표했다. 서울시에서 오는 2030년을 목표로 지난 2010년에 장기적인 관점에서 서울을 어떻게 개발할지에 대해 계획을 수립한 청사진이다. 어떻게 공간 구조를 개편하고 토지를 이용할지 기본계획을 구체화하고 생활권 계획을 권역별로 구상한 것이다. 해당 홈페이지에 들어가면 앞으로 서울시를 구체적으로 어떻게 변화시킬지 자세히 볼 수 있다.

서울은 물론 아니라 도시기본계획은 각 도시마다 세우게 되어 있

서울 2030 개발 계획 확인하기

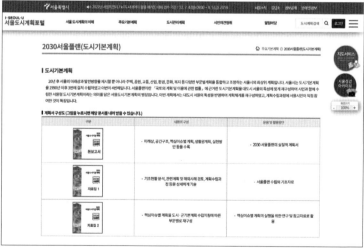

출처 : 서울도시계획포털 사이트

부동산 투자를 잘한다는 것

다. 특별시장이나 광역시장, 특별자치시장, 시장, 군수 단위에서 수립한다. 도시 전반에 대한 기초 조사를 실시한 뒤 지방의회와 지역 시민, 관계 전문가를 대상으로 공청회를 개최한 뒤 20년을 기준으로 세우는 큰 단위의 청사진이다. 실제로 도시가 구체적이진 않아도 이런 방향성을 갖고 발전해간다. 내가 살고 있는 도시가 이런 방향으로 개발되고 있구나를 가늠하면서 지금 이곳이 비록 낙후됐지만 앞으로 좋아지지 않을까, 혹은 어느 지역이 앞으로 좋아질 수 있을까 등을 가늠하며 임장 갈 지역을 추려보자.

8

복비 아깝다고?
중개사 제대로 활용하는 법

한 번이라도 부동산 거래를 해본 사람이라면 정말 아까운 것이 있으니 바로 복비, 즉 부동산 중개수수료다. 요즘은 앱이라든지 인터넷이라든지 너무 잘 돼 있지 않나. 앉아서 검색만 해도 정보가 쏟아지는 세상이라 굳이 중개사가 없어도 정보를 다 찾아볼 수 있다보니 굳이 중개사에게 돈을 줘야 할까 싶을지 모르겠다.

예전에는 부동산 거래가 필요하면 처음부터 중개사무소에 갔지만, 요즘에는 인터넷을 켜거나 스마트폰의 앱만 열어도 정보가 쏟아진다. 매물을 찾을 수 있는 것은 물론이고 방 내부는 어떻게 생겼으며 그 집의 장단점은 무엇인지에 대해 쓴 리뷰도 많다. 중개사들이 알려주지 않아도 내 집, 내 방 침대에 누워서 편안하게 손가락으로 터치만 하면 다 볼 수 있다. 중개사가 나에게 뭔가를 속이지 않을까 이런 것은 염려

하지 않아도 된다. 심지어 요즘에는 3D로 집 내부를 보여주는 시스템을 갖춘 앱도 있다. 그러니 집 보러 가는 날 비가 오거나 눈이 오진 않을까 하는 걱정은 안 해도 된다.

이렇게 최대한 '발품'도 아닌 '손품'만 팔고 난 뒤 어떤 매물 어떤 가격대로 할지 다 정한 다음 마지막으로 중개사무소에 방문해서 계약서만 쓰면 된다. 이렇게 생각하면 아무리 봐도 중개사는 하는 일도 없는 것 같게 느껴진다. 마지막으로 집만 확인시켜주고 계약서 쓸 때 옆에 앉아있는 게 전부인 것 같은데, 그것치고 중개료를 너무 많이 가져간다는 생각이 들지도 모르겠다. 또 '어휴 아까운 내 돈. 전·월세에 수십만 원, 매매는 무려 몇백만 원 떼어가는 게 말이 되나' 싶을 정도도 중개비가 아깝게 느껴질 수도 있다. 심지어 최근 집값 오른 것에 비례해 중개수수료도 덩달아 올랐으니 더 그런 생각이 들 수도 있다. 그러다 보면 '중개사 없이 거래하면 안 될까?' 하는 생각을 하지만 혹시 모를 사고를 대비해 울며 겨자 먹기 식으로 돈을 낸다는 사람도 꽤 많다.

이렇게 중개사들이 하는 일 없이 너무 많은 돈을 내는 것 같다는 것은 독자 여러분만의 불만은 아니다. 중개수수료가 너무 과하다, 하는 일도 없는데 돈이 너무 아깝다는 원성이 커지다 못해 '반값 중개수수료율' 논란이 사회적으로 이슈가 되었을 정도니까. 하지만 거래 시 중개사가 해주는 역할이 분명 있다. 내 경험상으로는 꽤 컸다.

최근 VR(가상현실)이나 증강현실을 이용한 중개 시스템과 프롭테크 개발 속도가 빨라지면서 중개사 역할이 점차 사라지는 것 아니냐는 말도 나온다. 하지만 현장에 수없이 나가본 나는 빅데이터와 AI(인공지능) 등의 기술이 아무리 발달하더라도 사람만이 할 수 있는 역할, 중개사만의 역할이 반드시 있다고 믿는다. 그럼에도 불구하고 중개수수료가 여전히 아깝다고 느껴진다면, 중개사를 충분히 활용하지 못하는 것은 아닐까.

물론 금액대가 낮은 전·월세 거래였거나 간단한 거래였다면 중개사의 중개 능력이 크게 발휘되지 않을 수 있다. 반면 금액대가 크거나 복잡한 거래, 협상 능력이 크게 요구거래일수록 중개사의 진가가 크게 발휘된다. 그렇다면 중개사에게 뽑아내야 할 진짜 중개 능력은 무엇일까?

첫째, 지역 분석이다. 중개사들은 그 지역에 대해서만큼은 누구보다 빠삭하게 알고 있는 전문가다. 아무리 날고 기는 부동산 전문가들이 TV와 유튜브, 팟캐스트 등을 휘젓고 다녀도 중개사처럼 그 지역에 대한 세세한 것까지 다 알 수는 없다. 중개사는 그 사무소가 있는 동네만큼은 골목까지 현장을 꿰뚫고 있는 전문가다. 그 지역의 과거와 현재를 누구보다 가장 잘 알고 있다. 특히 그 지역에서 10년 이상 중개업을 했다면 그 지역의 히스토리는 물론 아파트단지 사람들의 성향까지 다 파악하고 있다. 중개사가 하는 일이 그 지역에 터를 잡고 아파트단지 사람들과 집을 오가면서 이런저런 이야기를 나누는 일이기 때문이다. 지역 시세나 입지, 개발 호재 같은 온라인에서 나오는 정보는 물론 현지에서 생생하게 들을 수 있는 정보까지 빠삭하게 다 알고 있다. 우

부동산 투자를 잘한다는 것

리는 이 정보까지 빼내야 한다. 인터넷에서 검색해서 알 수 있는 정보 말고 유튜브에서 알 수 있는 뉴스 말고, 그것을 넘어서는 뒷얘기까지 모두 말이다.

현장에 가보니 인터넷에서 본 것과 다른 때가 있어 당황한 적 있을 것이다. 아무리 인터넷에 정보가 넘친다고 하더라도 거래할 때 예상치 못한 정보가 현장에서 오갈 때가 있다. 좋은 선택을 하려면 임장을 많이 하고 현장을 자주 방문하라는 이유도 그 때문이다. 그런데 말이 쉽지 그렇게 가다 골병이 난다. 게다가 우리가 무슨 전문 부동산 투기꾼도 아니고 본업을 제치고 매번 현장을 찾을 수는 없지 않나. 임장을 수십 번 가라는 조언도 막상 지키기 쉽지 않다. 그런데 좋은 중개사 한 명을 만나면 간접적으로 현장을 여러 번 간 것과 같은 효과를 볼 수 있다. 그만한 정보를 얻을 수 있다는 점에서다. 현장을 열 번, 스무 번 돈 것과 같은 효과를 볼 수 있다. 자연스럽게 내 수고를 덜 수 있다.

둘째, 상대편과의 협상을 원활히 할 수 있다. 부동산 거래를 하다보면 거래 기간이 길어지게 되고 매물 금액대도 크다보니 상대편과 협상이 필요할 때가 생긴다. 시점이나 가격 등 세부적인 계약 조건을 조율해야 하고, 일부 양해를 구해야 하는 때가 발생한다. 이럴 때 내게 유리하게 상황을 이끌기 위해서는 협상이 필요하다. 이를 상대편에게 직접 말하기보다 양측 상황을 잘 알고 있고, 이런 조율을 부드럽게 해본 경험이 무수히 많은 중개의 달인이자 전문가인 중개사가 이를 대신하는 게 협상을 성공시킬 확률이 높다. 상대편이 내게 양해를 구하는 상황이 온다면 이를 수용하면서 내가 원하는 것을 관철시키는 등 무언가 좋은 것을 얻어낼 수도 있다. 실제로 중개사가 상대편의 편의를 봐주는 대신 집값을 조금 깎아주는 경우도 봤다. 상대편의 요구가 과해서 내가 손해를 볼 수 있는 상황이 됐을 때 중개사가 이를 저지하거나 약관에 명시해서 보호해주는 사례도 있다. 이런 것 모두가 중개사의 역할이다.

'부린이 라디오'에 나온 한 출연자는 집을 잘 살 수 있던 조건으로 '좋은 중개사를 만난 것'을 꼽았다. 집주인이 이사 가기로 한 집의 인테리어가 끝나지 않았다며 이사 날짜를 미룰 것을 요구했다. 이때 중개사가 막아서며 계약서상 문제가 될 수 있다면서 반대했고, 만약 원한다면 사용료를 내도록 중개했다는 내용이었다. 혹시 생길 수 있는 리스크를 미연에 방지함과 동시에 금전적 이득도 챙겨줬다고. 이것 말고도 거래에서 많은 도움도 받았는데, 마지막까지 세심하게 챙겨줬다면서 중개수수료가 아깝지 않았다고 전했다.

셋째, 가격 협상에서 우위에 설 수 있다. 종종 급전 때문에 집을 급히 팔아야 때가 있다. 이를 '급매'라고 한다. 급매로 내놨는데 집이 제때 안 팔리면 대체로 가격을 계속 낮추기 마련이다. 급기야 울며 겨자 먹기로 말도 안 되는 가격에 손해를 보면서까지 팔게 된다. 반대의 경우도 있다. 사정이 급해서 이 동네에 집을 빨리 구해야 하는데, 집이

부동산 투자를 잘한다는 것

없거나 집값이 너무 비싸 구할 수가 없는 때다. 그런데 집주인은 집값을 내릴 생각이 없어 보인다. 어쩔 수 없이 집주인이 원하는 가격에 울면서 들어가는 수밖에 없다. 이때 필요한 것이 중개사다. 인터넷을 통해서는 가격 협상하기가 만만치 않다. 내가 원하는 때와 가격에 사고팔 수 있어야 성공적인 거래라고 할 수 있는데 인터넷을 통해서만 하다 보면 성사시키기 어렵다. 전·월세는 그럴 확률이 높지만 매매는 매번 그렇게 되기가 쉽지 않다. 가격대가 워낙 높고 매매 거래를 할 때 사람들이 유독 신중하기 때문이다.

적절한 예일지 모르지만 소개팅의 경우를 생각해보자. 양측에게 상대편 번호를 줘서 알아서 만나라고 했을 때 둘이 만나서 잘 될 수도 있다. 하지만 양측이 서로 어색할 때 주선자가 나가서 재밌는 이야기도 해주고 마중물처럼 대화의 물꼬를 터주면 분위기가 화기애애해지면서 편해질 때가 있다. 중개사도 마찬가지다. 매도자가 내놓은 가격에 매수자도 받아들여서 굳이 협상이 필요하지 않다면 중개사의 중개 능력이 크게 발휘하지 않을 수 있다.

하지만 매물 가격대가 커져서 한 명은 가격을 낮추길 원하고 다른 한쪽은 올리길 원하면서 가격 조율이 잘 안 될 때가 있다. 양쪽이 가격 조율에 사활을 걸고 임하게 될 때도 있다. 그러면서 둘 사이 관계가 어긋나고, 계약이 무산되기도 한다. 이때 중개사가 개입하면 분위기는 달라질 수 있다. 특히 집값이 수억 원에서 수십억 원 하는 경우, 조금만 가격을 조율해도 수천만 원이 왔다갔다 하게 된다. 이때 노련한 중개사를 만나면 그 능력이 크게 발휘된다.

　복비가 아깝다고 하는 사람은 중개사의 역할과 능력을 경험해보지 못했을 수 있다. 금액대가 큰 부동산을 거래할 때 부동산을 찾는 만큼 양심 있고 성심 있고 능력 있는 중개사를 찾는 노력도 기울이길 바란다. 그렇다면 매매 거래하는 데 드는 수고도 덜고, 리스크도 줄일 수 있을 것이다.

이제 현장으로
주말이면 매주 임장 가자

시드머니가 어느 정도 모였다면 감을 쌓기 위한 훈련을 해야 한다. 무슨 감? 적절한 매수 타이밍이 왔을 때 "바로 지금이야!" 하고 낚아챌 수 있는 감이다. 다른 말로 안목이라고 한다. 제대로 투자하기 위해서는 집을 지금 사도 될지 알아챌 수 있는 감을 길러야 한다. 그러려면 평소에 입지가 좋은지, 가격대는 괜찮은지 등을 알아볼 수 있는 눈을 키워야 한다.

최근 인터넷과 애플리케이션의 발달로 앉아서도 부동산 데이터를 받아볼 수 있는 세상이 되었다. 부동산에 인공지능(AI)과 빅데이터 등을 결합한 기술을 '프롭테크'라 한다. 프롭테크의 화려한 발전 덕분에 이전처럼 발품을 열심히 팔지 않더라도 스마트폰에 부동산 관련 앱을 깔아놓고 아이쇼핑하듯 집을 둘러볼 수 있는 세상이 된 것이다. 직방

Step 4. 매수 타이밍 잡기? 공부가 답이다

이나 다방, 아실(아파트실거래가), KB부동산, 호갱노노 등과 같은 앱을 깔아두고 평소에 내가 관심 있는 지역을 틈틈이 살펴보자. 지금 이 지역 시세는 얼마인지, 내가 가용 가능한 자금으로 어느 지역에 접근해보면 좋을지 등. 그렇게 시간 날 때마다 쇼핑몰에서 옷을 구경하듯 집을 찾아보면 해당 지역의 가격 시계열을 알게 되고, 내가 갖고 있는 자금으로 대략 공략해볼 수 있는 지역도 가늠할 수 있게 된다.

어느 날 시세보다 저렴한 가격의 매물이 툭 나올 때가 있다. 이런 매물을 '급매물'이라고 한다. 처분이 급해서 시세보다 저렴하게 나온 매물을 말한다. 이것이 저렴하게 나온 매물인지 아닌지를 알아보려면 평소 지역의 시세를 잘 파악하고 있어야 한다. '최근 2~3년 이 가격대 매물이 나온 적이 없었는데, 이 상태의 집이 이 가격대에 나오다니 정말 저렴한 매물이로군'. 이렇게 알아볼 수 있는 눈을 가지려면 평소에도 틈틈이 집을 살펴봐야 한다. 이런 눈이 없으면 아무리 옆에서 전문가가 '이것이 기회'라고 말해줘도 확신이 없어 움직이지 못하게 된다.

이 같은 '손품'보다 중요한 것은 뭐니 뭐니해도 '발품'이다. 손바닥으로 스마트폰을 들여다보면 어느 정도 안목을 키울 수 있지만 성장하는 데 한계가 있다. 집은 역시 직접 가서 보기 전까지는 알 수 없는 법이다. 앱으로는 이처럼 대략적인 시세만 확인하고 주말이나 쉬는 날이면 정말 괜찮은 매물인지, 시장 분위기도 실제로 그런지 직접 가보는 작업이 필요하다. 이를 '임장'이라고 한다. 임장을 잘할 수 있는 팁을 소개한다.

부동산 투자를 잘한다는 것

내가 잘 아는, 익숙한, 흥미 있는 곳부터 가자

부린이에게 받는 단골 질문 중 하나가 '임장 갈 곳 찍어줘'다. 이왕이면 최근에 가장 잘 나가는 지역, 투자성 높은 지역으로 직행하고 싶은 마음일 텐데. 하지만 임장을 가는 이유를 생각해봐야 한다. 임장을 가는 이유는 향후 내가 집을 살 수 있는 후보군을 미리 탐색하기 위한 것이지 않나. 그렇다면 '남들에게 좋은 곳'이 아닌 '내게 좋은 곳'을 찾는 것이 중요하다.

임장을 갈 때 수익성이나 투자성만을 고려하면 자칫 해당 장소가 나와 멀고 낯설게 느껴질 수 있다. 겉핥기식 임장이 될 수 있다. 부린이에게 임장은 이번 한 번이 아닌 앞으로 꾸준히 해나가는 것이 중요한데, 그러려면 즐겁게 다녀올 수 있는 곳인지 따져봐야 한다. 나는 관심도 없지만 남이 좋다고 추천한 지역을 부동산 초보 시절 임장 지역으로 선택하게 되면 흥미가 생기기도 전에 지칠 수 있다. 처음 임장을 갈 때는 남들이 좋다는 곳보다 내가 흥미가 생기는 곳, 향후 살고 싶은 곳 등을 고르는 것이 더 좋다.

아는 만큼 보이고 아는 만큼 들린다

임장을 가는 것만큼 중요한 것은 가기 전 준비 시간에 충분히 시간을 할애해야 한다. 임장 타깃을 정했다면 가기 전 해당 지역에 대한 정보를 충분히 탐색하는 시간을 들여야 한다. 시중에는 지역과 입지를 분석한 부동산 책이 굉장히 많다. 가고자 하는 지역 부분만 발췌해 읽어보자. 네이버나 다음 등 포털사이트의 부동산 커뮤니티나 카페 등에 가입하면 지역별로 정보를 얻을 수도 있다. 지역별 뉴스 등 소식을 훑어보며 개발 이슈가 있는지 체크하는 것도 도움이 된다. 관련 유튜브 동영상이나 공인중개사가 올린 블로그 포스팅도 보면서 대략 지역 분위기를 살펴보자.

물론 기본 중의 기본은 '지도'다. 내가 가려는 지역 지도는 당연히 확인해야 한다. 무얼 확인하면 좋을까? 주요 시설들이 어디에 어떻게 위치해 있는지, 도로와 교통망은 어떻게 형성됐는지 큰 그림을 우선 살펴보자. 그 사이사이에 관공서나 학교, 병원, 마트 등 주요 시설은 어디에 위치해 있는지 보자. 상권은 어디에 형성됐는지 주요 주거 단지는 어디에 있는지, 특히 주거 단지 중에서 '대장주 아파트'는 무엇인지 살피자. 그 동네에서 가장 비싸고 잘 알려져 수요가 풍부한 아파트를 말하는데 이 아파트가 그 동네 시세를 끌어올리는 역할을 한다. 그 아파트를 중심으로 다른 단지들은 어떻게 형성됐는지 대략적으로 파악하면 좋다. 그러면서 어떤 단지를 둘러볼지 계획을 세우면 좋다.

시세도 체크하면 도움이 된다. 대장주를 비롯한 다른 아파트단지들의 현 시세는 얼마나 되는지, 과거 3~5년간 시세 추이는 어떻게 변화했는지 살펴보자. 만약 이런 기본 정보를 수집하지 않은 채 그냥 임

부동산 투자를 잘한다는 것

장하러 간다면 어떨까? 아마 여러분 눈에는 시멘트 덩어리, 회색 건물의 나열 그 이상 이하도 보이지 않을 것이다. 임장을 가긴 갔는데 아파트만 실컷 구경하고 맛있는 점심을 먹고 오는 '맛집 탐방', '동네 나들이' 밖에 되지 않을 것이다. 공부하고 간 만큼 보이고 들린다는 점을 명심하자.

사전정보 기반으로 동네 한 바퀴 돌아보기

이제 사전 공부는 그만하고 직접 돌아보자. 차로 한 바퀴 쓱 돌아봐도 좋고 구석구석 걸어 다니며 살펴도 좋다. 우선 동네를 한번 돌아본다는 마음으로 보고, 그중 관심 구역이나 단지는 구석구석 샅샅이 보자. 사전에 수집한 정보가 있으니 눈에 들어오는 점이 많을 것이다. 궁금한 점도 생길 것이다. 경비아저씨나 주변 가게 주인 등에게 이것저것 물어보자. 가령 "이 아파트 주민은 자주 이사 가는 편인가요?", "주로 어느 연령층이 사나요?" 등을 질문해 현지에서만 들을 수 있는 정보들을 수집하자.

아마 처음 임장을 나가서 어떤 것을 살펴야 할지 막막할 것이다. 사실 지나가면서 '안전진단 통과', '재건축 추진위원회 수립'과 같은 현수막이 붙어 있는지, 주상복합 1층 상가 유리창에 '임대'라는 종이가 유독많이 붙어 있는지 등이 다 살펴야 할 요소들이다. 그리고 주변에 미분양 아파트가 있는지, 공실이 많은 오피스텔이 보이는지, 그렇다면 이 지역 부동산 시장의 무엇을 의미할지 생각해보자.

그래도 잘 모르겠다면 '내가 이 동네에 지금 살려고 한다면 어떨까?' 하는 가정을 해보자. 무엇을 고려하면 좋을까, 교통은 편리할지 상권은 잘 갖춰져 있을지 알아봐야 할 것이다. 만약 아이가 있다면 학교는 어디로 배정받는지, 학교까지 거리는 얼마나 먼지, 학원가는 잘 형성 됐는지 등이 궁금해질 것이다. 또 맞벌이 직장인이라면 직장과는 얼마나 떨어졌는지, 출퇴근 시간은 얼마나 걸릴지, 혼잡하진 않을지 등을 유념하며 살펴보면 된다. 마지막으로 나중에 되팔 때 잘 팔릴 물건일까도 생각해보자. 이 모든 것들을 사전 조사했던 내용과 비교해보고 육안으로도 점검하면 된다.

곳곳에 공인중개사 사무소에 들어가 보기

그럼에도 해소되지 않는 것들이 절반 이상일 것이다. 이제 이 동네 전문가인 공인중개사를 찾아가자. 중개사를 처음 마주하면 부린이들이 저지르는 실수가 있다. 들어가자마자 "안녕하세요. 저는 집을 살 것은 아닌데 임장을 왔습니다. 그래서 구경을 좀 하려고 해요. 설명 좀 해주시겠어요"라고 지나치게 솔직 하게 말한다는 점이다. 이렇게 말하는 순간 아무도 여러분을 쳐다보지도 않을 것이다. 건성건성 대답하거나 쳐다도 보지 않는 통에 '마상(마음의 상처)'를 입게 될 것이다.

공인중개사는 거래를 성사시킨 뒤 수수료를 받는 사람이다. 이를 위해 집을 보여주고 매수자와 매도자를 설득시켜서 돈을 번다. 그런데 대놓고 '알아만 보려 한다'니 공인중개사 입장에서는 어떨까? 아마 어차피 내 고객도 아닌데 신경 써서 뭐하겠나 하고 생각할 것이다.

그러면 '내가 나중에 고객이 될지 어떻게 알고 나를 문전박대하냐'고 반문하는 사람도 있을 수 있다. 하지만 주위를 둘러보자. 대한민국 건물 1층에 편의점 다음으로 많은 것이 중개사무소일 정도로 정말 많다. 중개사들은 이런 일을 한두 번 경험한 게 아닐 것이다. 내 입장에서는 처음이고, 한 번이지만 그들의 입장에서는 수없이 많은 사람들이 입장하러 다녀갔을 수도 있다. 그 과정에서 정말 친절하게 소개하면서 시간을 할애했는데 거래하지 않거나, 다른 중개사와 체결하는 상황도 있었을 것이다. 재주는 내가 넘고 곰은 다른 중개사가 버는 일을 수없이 당하다 보면, 한눈에 부린이를 알아보게 되고 건성으로 대하기 마련이다.

그러면 어떻게 해야 할까? '알아보러 왔다'가 아니라 '지금 당장 사려고 한다'는 급박한 뉘앙스를 풍겨야 한다. 그래야 중개사가 여러분에게 애정과 공을 들일 것이다. 자, 지금부터 이달 안에 집을 당장 사야 하는 상황을 가정하고 연기해보자. 최대한 조건이 구체적일수록 명배우가 된다. 가령 3개월 후 결혼하는 신혼부부라고 자신을 설정해보자. 3개월 후 신혼살림을 꾸릴 20평대 아파트가 필요하고, 우리는 광화문으로 출퇴근을 하며, 5억 원대 중 바로 입주가 가능한 전세 매물을 찾고 있다면 어떨까? 최대한 이 조건에 맞는 많은 집을 보여달라고 요청해보자. 물론 약간의 변수도 있으니 조건을 열어두고 더 보여줘도 괜찮다는 여지를 두면 더 좋다. 그러면 중개사는 그때부터 여기저기 전화를 돌리며 이 일대 매물을 바삐 보여주려 할 것이다. 알고 있는 온갖 정보를 쏟아내며 차에 태워 동네 곳곳을 소개해주면서 말이다.

함께 둘러보면 인터넷 커뮤니티 등에서 본 것과 내가 혼자 둘러본 정보들이 하나둘 떠오를 것이다. 궁금한 점이 떠오르면 추가로 물어보자. 중개사와 이야기를 나누면 나만의 생각이 정리될 테고, 사전지식이 있는 상태에서 묻는 질문에는 꽤 구체적이고 알찬 답변을 받을 수 있을 것이다. 중개사들은 대체로 한 지역에서 10년 넘게 중개업을 해온 만큼 그 지역 전문가다. 부동산 시장의 거시적인 것 말고도 이 지역은 물론 이 아파트단지의 히스토리 심지어 시크릿한 정보와 팁까지 마구 방출할 것이다.

내 상황에 대입해보기

여기에서 끝낸다면 반쪽짜리 임장을 다녀온 것이다. 그럼 무얼 더해야 할까? 지금은 비록 집을 살 수 있는 자금 상황은 안 되더라도 상상은 현실이 되고 계획을 세우면 언젠가 현실이 된다는 점을 명심하

부동산 투자를 잘한다는 것

자. 임장한 내용을 기반으로 내 상황에 대입해보는 시간으로 마무리해 보자. 아직 시드머니를 모으는 상황이고 내 집 마련을 위한 준비 단계에 있지만, 곧 내 일이 될 것이란 상상을 해보자. 허상이나 몽상이 아니다. 내 상황에 맞춰보는 단계로 돌입한다면 결국 이뤄지는 과정에 놓이게 된다.

가령 지금 나는 3000만 원밖에 없지만 곧 얼마의 돈을 더 모을 것인지 살피는 것이다. 저 아파트를 마련하려면 예산은 얼마가 필요한가 따져보자. 현재 대출은 어느 정도 나오니 자금은 추가로 얼마를 더 모으면 될지 계산해본다. 그 시기가 너무 오래 걸릴 것 같다면 이 집에 오기 전 다른 집을 매입한 뒤 갈아타기를 하는 방법의 플랜을 짜본다. 이 같은 선택지를 그려보며 시뮬레이션을 해보자. 그렇다면 다음 임장 지역은 어디로 추려보면 좋을지, 다음 임장 때는 무엇을 주력해서 보면 좋을지, 다음 현장에서는 무엇을 물어보면 좋을지 꼬리에 꼬리를 물면서 생각나게 될 것이다.

중개사무소에 연락처 남기기

하루만에 임장이 다 끝났다고 생각하면 오산이다. 마지막 단계인 '연락처 남기기'가 남았다. 중개사무소를 떠나면서 내 전화번호를 남기며 "적당한 매물이 나오면 내게 꼭 다시 연락을 달라"고 당부하는 것을 잊지 말자. 구체적인 조건을 대면 더 좋다. 혹은 이와 비슷한 다른 매물에 투자할 의지도 있으니 연락을 달라고 해도 좋다. 동시에 중개사의 명함을 챙겨 나오자. 이렇게 하면 다음번에 이 지역을 찾을 때 수고를 덜 수 있다. 간단한 내용이 궁금할 때 굳이 또 현장을 방문하지 않아도 전화 한 통만으로 대략적인 분위기 변화를 전해 들을 수 있기 때문이다.

관심 지역마다 친한 중개사를 사귀는 것은 큰 힘이 된다. 중개사 한 명을 사귀어놓으면 직접 수십 번 임장 가는 수고를 덜 수 있다. 임장 갈 때마다 그 지역에 친한 중개사 한 명씩 만들겠다는 목표를 세우는 것도 방법이다.

부동산 투자를 잘한다는 것

10

임장이 두렵다면?
모델하우스에 가자

임장을 막상 가려니 꺼려진다거나 두렵다면? 이론적으로는 알겠는데, 아직도 가서 무얼 어떻게 해야 할지 감이 잘 오지 않는다면? 그렇다면 임장을 가기 전 모델하우스를 방문하길 추천한다.

모델하우스라면 마케팅에 상업적인 요소가 판치는 곳 아니냐며 펄쩍 뛸지 모르겠다. 아파트 광고하는 곳에서 무슨 부동산 공부가 되겠나 싶다면 이렇게 생각해보자. 이미 그곳이 집을 팔기 위한 상업적인 곳이자 홍보하는 곳이란 걸 알고 있지 않나. 이를 인지하고 가는 것이기에 그런 요소를 빼고 내가 취할 것만 보고 오면 어떨까. 모델하우스가 코로나19 팬데믹 기간에 오프라인에서는 문을 닫았지만 최근 속속 다시 문을 열고 있다. 전국 모델하우스에 놀러가는 기분으로 둘러보길 추천한다. 임장 전 모델하우스를 가면 어떤 점이 좋을까?

첫째, 아파트를 볼 때 어디부터 봐야 할지 모를 때 도움이 된다. 임장 초보일 때 어느 지역부터 어느 부분을 봐야 할지 막막할 때가 있다. 그때 모델하우스를 가보면 도움이 된다. 모델하우스가 만들어진 이유는 아파트 분양을 하기 위해서다. 자신들이 지은 아파트 분양을 곧 하니 미리 만든 아파트 모형을 보고 청약을 넣을지 말지 결정하라는 취지에서 만든 것이다. 보통 건설사에서 아파트를 건설하기 전 어디에 지을지 고민한다. 대부분 아파트가 잘 팔려야 하니 나름 그 지역에서 사업성이 있는 곳을 선택한다. 특히 브랜드를 들어봄직한 대형 건설사에서 분양하는 단지라면 완성 후 '대장주'가 될 가능성이 높다. 그게 아니더라도 보통 새 아파트가 완성되면 그 지역을 주도하는 단지로 자리 잡을 확률이 높다. 즉 모델하우스 속 아파트는 대체로 해당 지역에서도 입지가 좋은 곳일 가능성이 높다. 어느 지역에 임장 가야 할지 모를 때 최근 미디어나 부동산 커뮤니티에서 이슈가 되고 있는 모델하우스를 찾아보자. 그 모델하우스를 중심으로 지역 입지를 살펴보는 것이 도움이 된다.

둘째, 모델하우스에서 홍보하는 포인트가 무엇인지 살펴보자. 모델하우스에 들어가면 이 아파트가 얼마나 근사하고 멋지고 대단한지 홍보하기 시작한다. 화려한 수식어구와 각종 미사여구를 넣는데, 백화점에서 명품 옷을 팔기 위해 모객하는 것과 다르지 않다. 물론 이런 말들은 홍보하기 위한 것들이려니 하고 넘기면 된다. 우리가 봐야 할 지점은 이들이 홍보하기 위해 어떤 요소를 끌고 오는 가다. 그게 부동산에서 중요한 요소이기 때문이다.

가령 이 아파트가 좋은 아파트라고 홍보하기 위한 키포인트가 무엇인지를 살펴보면 집을 볼 때 무엇이 중요한 요소인지 알 수 있다. 대표적인 것이 교통이다. 모델하우스에서 얼마나 교통이 편리하다고 자랑하는지 귀가 아플 지경이다. 기차역이 얼마나 가까운지, 그 기차를 타면 부산이나 대구 등과도 한 시간이면 이동할 수 있다고 반복해서 말하고, GTX도 2년 안에 뚫린다고 홍보한다. 그러면 현재 교통망은 물론 향후 개선되는 교통망까지도 그 집을 볼 때 중요한 요소라는 점을 체득하게 된다.

인근에 초등학교가 있는데 명문 중학교에 많이 보내는 학교라고 홍보한다. 이런 초등학교까지 도보로 5분밖에 걸리지 않는다고 한다. 심지어 가는 데까지 횡단보도를 건널 필요조차 없을 정도로 안전하다고 홍보한다. 이런 말을 들으면 학군이 중요하지만 그 학교까지 가는 길이 얼마나 가까운지도 좋은 부동산을 결정하는 요소가 된다는 것을 깨닫게 된다. 모델하우스에 두세 시간 있어 보면 부동산의 핵심 포인트가 무엇인지 간접적으로 알 수밖에 없다.

셋째, 가장 최근 아파트 트렌드를 접할 수 있다. 모델하우스에서 접하는 아파트가 가장 최근에 나온 신식 아파트다. 그러니 내외부를 살피며 최근 아파트가 어떻게 진화하는지 파악할 수 있다.

넷째, 청약 조건도 알 수 있다. 부동산 제도 중에 가장 자주 바뀌는 것 중 하나가 청약제도다. 청약제도는 법을 바꾸지 않고 규칙만 바꿔도 되기 때문에 간편히 바꾸고 바로 적용이 가능하다. 그런 만큼 자주 바뀌어 복잡하다. 최근 청약제도가 무엇인지 궁금하다면 더욱 상담창구에서 청약 상담을 받아보자. 또한 이를 계기로 청약에 도전할 수도 있다. 1 대 1로 상담을 받아보면서 만약 청약을 넣는다면 무엇을 준비해야 할지 생각해보자. 청약통장이 준비돼 있지 않고 그만한 시드머니가 충분치 않아 어차피 청약 넣을 여건이 안 된다고 해도 걱정하지 말자. 임장 때와 마찬가지로, 나는 지금 청약을 넣을 돈이 있고 준비가 돼 있다고 생각하며 질문을 던지자. 현재 청약제도는 어떻게 되는지, 내 조건에서는 어떤 전략이 유리할지, 무엇을 더 보완하면 좋을지 등. 아무리 암시를 걸며 상담해봐도 청약이 무리라고 느껴지는가? 그렇다 해도 큰 수확이다. 내 집 마련 선택지에서 청약을 제외한다는 것만으로도 계획을 구체화했다는 점에서 말이다. 무엇이 됐든 도움이 될 것이다.

마지막으로 여유를 즐길 수 있다. 모델하우스에서 커피도 마시고 선물도 받을 수 있다. 모델하우스의 여름은 시원하고 겨울은 따뜻하니 이만한 휴양지도 없다. 사은품도 받아 살림에 보탤 수 있다. 모델하우스에 온 김에 인근 맛집도 둘러보며 여행도 즐기자. 미래를 약속한 연인과 데이트하면서 부동산에 대한 이야기를 나눠보자.

다만 주의해야 할 점이 있다. 모델하우스는 우리를 현혹시키기 위한 상업적인 공간이라는 점이다. 건설사에서 모델하우스 하나를 짓기 위해 수억에서 수십억 원을 투입한다. 그만큼 구매를 유도하기 위해 고도의 마케팅 장치를 해둔다는 점을 잊어선 안 된다. 가령 좁은 1층 출입구에서 팸플릿을 나눠주는 이유가 뭔지 아는가. 그래야 문밖으로 줄을 길게 서면서 입장을 기다리게 만들 수 있기 때문이다. 방문객에게 지금 이곳에 인파가 몰리는 분위기를 형성해서 청약경쟁률이 높은 인기 단지로 보이기 위해서다. 천장도 꽤 높게 설계하는데, 이는 실제보다 넓어 보이는 착시 효과를 위해서다. 전시된 가구들은 실제보다 더 작게 만들어 집이 더 커 보이게 연출하는 등 모델하우스는 고도의 심리전으로 설계된 곳이다. 공부하러 갔다가 충동 구매하는 일은 없어야겠다.

삐뽀삐뽀! 전세 사기 주의하세요!

전세보증금을 돌려받지 못할 위험이 있어 주의가 필요한 경우도 있지만 아예 대놓고 여러분의 보증금을 떼어먹을 요량으로 사기 치는 사례도 있다. 법의 사각지대를 악용해 세입자를 울리는 대표적인 전세 사기 사례를 살펴보자. 물론 부린이들은 전세 사기인지 아닌지 구분하기 어려울 수 있다. 그래서 콕 집어 설명하려고 한다. 다음에 소개하는 유형의 매물은 처음부터 아예 관심도 보이지 않는 편이 좋다. 모두 다 그런 건 아니지만 전세 사기일 확률이 높다.

건축주가 새롭게 신축 빌라를 지은 동시에 아직 분양도 하지 않은 채 직접 전세를 놓는 경우로, 미분양 빌라에 전세를 놓으며 떠넘기기 식으로 분양하는 사기 수법이 자주 발생하고 있다. 그 속에서 보호받지 못하는 세입자가 속속 나오고 있다. 전세 기근에 신축 빌라에서 살수 있다니 이게 웬 떡이냐 싶을 수 있지만, 건축주가 직접 전세를 놓는다고 하면 한 번쯤 의심해보기 바란다. 물론 모든 건축주가 사기를 친다는 것은 아니다. 다만 이런 유형의 사기가 많다는 점을 알아야 대비할 수 있으니 소개하는 것이다.

신축 빌라 전세 사기 유형은 이렇다. 주위를 둘러보면 낡은 다세대 건물이 많을 것이다. 이 건물을 통째로 경매 등으로 싸게 매입한다. 낡은 건물을 부수고 신축 빌라를 지어 분양하면 큰 시세차익을 볼 수 있기 때문이다. 하지만 아쉽게도 빌라는 전세 수요는 많지만 매수 수요는 적은 편이라, 생각처럼 분양이 잘 안 된다. 여러분도 빌라에서 전세를 살고 싶긴 하지만 막상 매입하는 건 아파트일 것이다. 대부분의 사람들은 비슷하게 생각하기 때문에 분양이 어렵다. 그 과정에서 생각해 낸 묘수가 바로 분양하기 전 전세를 놓는 것이다. 그러면 신축 빌라를 비싼 값에 팔아서 시세차익을 거둘 수 있기 때문이다. 하지만 이는 명백한 사기다.

더 자세히 설명하면, 우선 건축주가 전세 수요가 많다는 점을 이용해 전세를 먼저 놓는다. 당연히 인근 시세보다 높은 가격에 전세를 놓아도 새 집인 만큼 빨리 빠진다. 이런 점을 악용하는 것으로, '건축주 직접 운영'이란 플래카드를 내걸고 전세 매물을 내놓는다. 이때 체크할 부분은 '건축주가 직접 내놓는다는 점'과 '분양가가 전세가와 거의 비슷하다는 점'이다. 가령 분양가가 2억 원이라고 한다면 약 500만 원에서 1000만 원 정도밖에 차이 나지 않는 금액으로 내놓는다. 세입자들은 어차피 전세보증금이야 계약이 끝나면 돌려받을 테니 비싸도 계약하지 뭐, 그래도 신축이니 이런 좋은 집에 살 수 있는 게 어디야 하면서 계약한다.

이때 건축주는 계약 조건을 내건다. 이런저런 이유로 전세보증보험에 가입하지 못하게 하는 등이다. 이런 조건이 걸려 있긴 하지만 자세한 내막을 모르는 사람들은 대수롭지 않게 계약을 체결한다. 사회초년생의 경우 돈이 없다고 하면 대출 브로커도 소개해준다. 건축주는 물론 대출 브로커에게 소개 수수료를 받는다. 대출에 대해 무지한 청년들은 알겠다고 하며 소개를 받는데, 사실 대출이자가 어마어마한 경우가 대부분이다.

계약 체결 후, 건축주는 이 집을 분양한다. 그리고 단돈 500만 원이나 1000만 원만 있어도 집을 살 수 있다고 홍보한다. 왜냐하면 이 집에 전세입자가 있기 때문에 가능한 것이다. 빚이 잔뜩 있는 사람 혹은 사기 칠 요량으로 부채가 잔뜩 있는 사람에게 그냥 팔아버린다. 전세입자도 모르는 사이 이 집은 계약 체결한 지 얼마 안 돼 집주인이 바뀌게 된다.

나중에 개인적인 일이 있어 등기부등본을 떼어보니 집주인이 바뀌어버렸다. 집주인이었던 건축주는 이미 그 건물을 모두 이런 식으로 팔아버리고 어디론가 떠나 행방을 알 수 없다. 등기부등본에 나와 있는 집주인이라는 사람은 누구인지 알 길이 없다. 중개사무소에 전화를 걸어도 모른다고 한다. 그 사람을 알아야 나중에 전세보증금을 받을 텐데 알 길이 없다. 집주인은 단돈 1000만 원 500만 원으로 현재 집주인인 상황이다. 건축주가 집을 팔아넘기기 위해 사기를 친 것이라면 집주인은 명의만 빌려준 신용불량자인 경우도 있다. 서류상 집주인을 찾아도 돈이 없다고 버티면 찾을 길도 없고, 소송하더라도 소송 비용도 만만치 않다. 소송 기간도 길어 나만 힘들어지고 여러모로 골치를 썩게 된다. 그러니 처음부터 이런 사기에 걸리지 않도록 조심, 또 조심해야 한다.

'깡통 전세 됐어요' 당할 설움 미리 대비하기

월세와 달리 전세는 보증금 액수가 크다보니 나중에 이를 돌려받을 수 있을지를 항상 꼼꼼하게 따져봐야 한다. 집주인이 과연 이 보증금을 다시 돌려줄 수 있는 상황인가를 따져야 하는데, 그 기준이 바로 '깡통 전세' 가능성 여부다. 깡통 전세란 만일의 사태가 벌어져 집이 경매에 넘어가는 불상사가 벌어졌음에도 피 같은 전세금을 돌려받을 수 없는 집을 말한다. 최악의 경우 경매까지 넘어갔음에도 보증금을 돌려받을 수 없는 경우도 있다. 그럼 이런 깡통 전세가 될 집은 어떤 집인지 살펴보자.

첫째, 집값과 전셋값 차이가 얼마 나지 않을 경우

이 경우 집값이 조금이라도 떨어지면 전셋값을 역전할 수 있다. 집값이 치솟았을 때 전셋값도 그에 맞춰 따라 올라갔음에도 무리하게 전세계약을 했다고 치자. 이때 운 나쁘게도 집값이 떨어지면서 전셋값 아래로 내려가 역전되는 상황이 벌어졌다고 가정해보자. 에이, 그런 일이 어떻게 일어나냐고 반문하는 사람이 있을 수 있다. 하지만 이런 일은 현실에서 정말 자주 일어난다. 특히 오피스텔의 경우 매매가와 전셋값이 같은 매물도 종종 나온다. 그런데 오피스텔은 시간이 흐르면서 아파트처럼 오르지 않는 경향이 있다. 오히려 하락하는 일도 종종 나타나는데, 이 오피스텔에 장기간 전세로 거주한다면 전세가격이 매매가격을 추월하는 현상이 벌어진다. 아파트도 예외는 아니다. 나홀로 아파트라든지, 입지가 좋지 않아 선호도가 상대적으로 떨어지는 경우 부동산 시장 침체기 때 가격이 떨어질 수 있다. 한참 전세난에 시달릴 때 전셋값이 아파트 매매가격에 근접할 정도로 높이 오를 때도 있기 때문이다. 그러다 시장이 급변하면서 집값이 훅 떨어지면 전셋값이 아파트 매매가격을 추월하는 상황이 벌어진다.

전셋값과 매매가 차이가 얼마 나지 않았으니 역전 현상이 일어나는 것이다. 이때 알아두면 좋은 용어가 바로 '전세가율'이다. 전세가율이란 매매가 대비 전셋값의 비율을 말한다. 전세가율이 90%에 달한다는 뜻은 매매가 1억 원인 집인데 전셋값은 9000만 원이란 뜻이다. 이 경우 집값이 1억에서 8000만 원으로 2000만 원이 떨어지면 어떻게 될까? 자신의 의지와는 상관없이 집값보다 더 비싼 전세에 살고 있는 상황이 되어버린다. 이런 상태에서 전세계약이 종료되면 어떻게 될까? 더구나 알고 보니 집주인이 전세보증금을 다른 곳에 다 써버려 반환해줄 능력이 없다면? 설상가상으로 다른 전세계약자가 계속 안 구해진다면?

상식적으로는 집주인이 집을 팔아서라도 전세보증금을 돌려줘야 한다고 생각할 것이다. 아니면 경매에 넘겨 돌려받든지. 그런데 지금

부동산 투자를 잘한다는 것

집값이 떨어져 전셋값보다 덜 나가는 상황이다. 그럼 집을 팔아도 결국 내 전세보증금을 온전히 돌려받기는 정말 하늘에 별 따기 만큼 힘들다. 이때도 깡통 전세가 된다.

왜 이런 일이 발생했을까? 애초에 전셋값이 집값과 크게 차이 나지 않아 발생한 리스크 때문이다. 집값이 계속 오를 줄만 알았는데 집값이 갑자기 뚝 떨어지는 일이 벌어질 것이라고 예상하지 못한 탓이기도 하다.

이런 위험을 미연에 방지하려면 앞서 말한 전세가율을 확인해야 한다. 아무리 급하더라도 전세가율이 70% 넘는 매물은 고르지 않도록 한다. 우리가 전세살이하는 2~4년은 집값이 수천만 원 정도는 왔다갔다 할 수 있는 긴 시간이다. 우리가 예상 못할 부동산 시장에 변화가 일어날 수 있는 긴 시간이란 말이라는 의미다. 그러니 전세가율이 70~80%가 넘는 매물은 웬만하면 들어가지 않는 것이 좋다. 특히 최근 집값이 가파르게 올랐다면 그만큼 떨어질 수도 있다는, 그만큼 깡통전세가 될 확률도 높다는 위험 신호로 받아들이기 바란다.

둘째, 근저당이 많이 잡혀 있는지 여부

해당 집을 담보로 근저당권이 얼마나 잡혀 있는지를 살피는 것이다. 보통 집은 사람들이 갖고 있는 최고의 안전한 자산이다. 집은 발이 달려서 자기 스스로 도망갈 일도 없다. 더구나 다른 자산과 비교했을 때 잘 팔린다. 차나 다른 자산과 달리 연식이 오래되더라도 제값을 제대로 받을 수 있기 때문이다 오히려 오래될수록 재개발이나 재건축 기대감에 값을 더 받을 수 있다니 더할 나위 없이 매력적이다. 그래서 은행 같은 금융사에서 집을 담보로 대출받기가 비교적 쉽다. 이 집을 담보로 가령 최고 3억 원, 5억 원의 대출을 받겠다며 그 이내에서 돈을 융통해 쓰게 될 때 이를 근저당을 잡는다고 한다.

우리나라는 만 18세가 넘으면 주민등록증을 발급받는다. 부동산도 자신의 존재를 증명하는 증명서가 있다. 바로 '등기부등본'이다. 대법원 인터넷등기소에 들어가면 이를 뗄 수 있다. 이곳에 들어가면 이 부동산을 담보로 집주인이 얼마나 근저당을 잡았는지 확인할 수 있다. 대출을 받아 전세계약을 하려고 할 때 그 집에 근저당이 잡혀 있으면 은행 등 금융기관에서 대출을 꺼린다. 나중에 이 집이 경매로 넘어갔을 때 이것을 담보로 빚을 내준 사람들, 즉 채권자 순위에 따라 돈을 나눠줘야 하기 때문이다. 내가 뒷번호 순위, 즉 후순위라면 앞사람들 나눠주고 남는 게 없을 때 돈을 받지 못할 수 있다. 만약 그 집에 근저당이 많이 잡혀 있어서 후순위를 받게 되지 않는지 꼭 확인해야 한다.

등기부등본을 살펴보면 '근저당권설정' 등이 적혀 있다. 근저당권은 은행에서 돈을 빌렸을 때 정해진 기간 내에 돈과 이자를 갚아야 한다는 뜻이다. 만약 갚지 못하면 그만큼 은행에서 저당을 잡는다. 이것을 확인하려면 '채권최고액'을 확인하자. 채권최고액은 그 집에 잡혀 있는 빚의 규모다. 보통 은행에서는 원금의 130%를 설정한다. 만약 은행에서 빌린 돈이 1억 원이라면 채권최고액은 원금 1억 원의 130%인 1억

부동산 투자를 잘한다는 것

3000만 원이 된다.

전세를 얻으려는 집에 자신 말고 다른 세입자가 있는지도 확인해야 한다. 만약 없다면 여러분 보증금과 채권최고액을 더해 집의 실제 가격보다 얼마나 나가는지 확인한다. 만약 실제 가격보다 60%를 넘어선다면 위험하니 계약하지 않는 게 좋다. 이 경우 집주인은 이미 대출을 많이 갚아서 실제로는 대출이 얼마 되지 않는다고 할 수도 있다. 그렇다고 하더라도 채권최고액 그대로 계산한다. 만약 얼마 안 남았다고 하면 이를 다 갚고 채권최고액을 말소해달라고 요구하는 것이 좋다. 그 이후에 계약하도록 하자.

STEP
5

내 집 마련 이론편

부동산 투자 지식이 필요한 부린이들을 위한

부동산 투자에는 정말 큰돈이 들어간다. 그런 만큼 사전에 공부해놓지 않으면 실패하

기 일쑤다. 앞서 왜 부동산에 투자해야 하는지, 어떤 공부를 해야 하는지를 알게 되었

다면 이제 실전에는 어떤 지식들이 필요한지 알아보자.

1

우물 밖으로 나와라

원룸에서 월세살이를 하다보면 간과하는 것들이 있다. 강남 재건축 아파트나 수억 원 하는 분양가에 관심을 두지 않게 된다. 아예 지금 당장 혹은 수년 안에 내가 가지고 있는 자산으로는 감당할 수 없는 금액대라고 생각해서 엄두가 나지 않기 때문 아닐까. 기사가 나오든 어디에서 정보가 나오든 멀리하게 되고 그 분야에 대해 생각조차 하질 않게 된다. 당장 그 시장에 대해 알지 않아도 된다. 하지만 부동산 시장은 내가 살고 있는 월세 시장과 분양가가 수억 원 하는 분양 시장, 멀리서는 재건축 시장이 각각의 시장으로 수요와 공급에 의해 돌아가기도 하지만, 이 시장이 또 서로 유기적으로 영향을 미치기도 한다. 분양 시장이 돌아가기에 구축 매매 시장에도 영향을 주고, 그에 따라 전세 수요가 달라지기도 하며, 그에 따라 월세 수요 및 공급도 달라지면서 여러분에게도 영향을 미치는 식이다.

즉, 내가 월세에 살면서 강남 A아파트 재건축 호가까지, 시장 속속들이 알 필요는 없지만, 적어도 이들 시장이 어떻게 구분되며 서로 어떻게 연관됐는지, 어떤 상호작용을 하면서 움직이는지 볼 수 있는 눈을 갖는 것이 중요하다는 것이다. 그래야 정부에서 어떤 정책을 내놓았을 때, 글로벌 경제 상황이 바뀌었을 때, 사회적으로 어떤 움직임이 감지됐을 때, 그때 부동산 시장 중 어떤 한 곳에서 변화가 생기면 연쇄적으로 반응해 내가 지금 속해 있는 월세 시장 즉 내 월세가격이 올라갈지 그래서 부담되지는 않을지 등을 가늠할 수 있게 된다.

미국의 기상학자 로렌즈(Lorenz, E. N.)가 설명한 '나비효과'가 있다. 어느 한곳에서 일어난 나비의 작은 날갯짓이 뉴욕에 태풍을 일으킬 수 있다는 뜻이다. 사소한 변화가 연관 없어 보이는 다른 분야에 큰 변화를 일으킨다는 이론이다. 좀 거창할 수 있지만 부동산 시장도 내가 살고 있는 이 작은 원룸과 강남 재건축 아파트단지, 혹은 내 눈앞에 있는 꼬마빌딩과 아무런 관련이 없어 보일 수 있다. 하지만 정부에서 강남 재건축 단지를 규제하거나 신도시에 대규모 아파트 분양 물량을 공급하면 꼬리에 꼬리를 물고 변화에 변화가 이어지면서 그게 내 원룸 시세에까지 영향을 미칠 수 있다. 그러니 나는 아직 재건축 투자할 자금이 없다거나 난 꼬마빌딩 같은 부동산 투기꾼이 되려는 게 아니라면서 귀 막고 눈 감을 게 아니다. 지금 당신이 살고 있는 원룸, 앞으로 이사 갈 빌라 전세 시장의 변화를 알고 계획을 세우려면 시장 전체를 볼 수

부동산 투자를 잘한다는 것

있는 눈을 가져야 한다. 그래야 지금 현재 정확한 판단을 하고, 앞으로 내가 갈 집의 계획을 세우고 앞으로 쭉쭉 뻗어나갈 힘을 얻게 된다.

가령 어떤 한 지역에 아파트 분양 단지가 대량 지어질 때를 예상해 보자. 사업주가 매머드급 아파트단지라고 하면서 1만 5,000여 세대를 한 번에 짓는다고 가정하자. 분양은 꽤 잘됐다. 너도나도 이렇게 멋진 아파트를 입지 좋은 곳에 고급 브랜드에서 짓는다는 점에서 사람들이 구름떼처럼 몰렸다. 이 아파트는 단숨에 모두 팔렸다. 아파트 분양이 끝나면 보통 2년 반 동안 공사가 진행된 뒤 입주가 시작된다. 아파트를 사겠다며 계약했더라도 그 집이 다 지어져 완성된 새집에 들어가 거주할 수 있기까지 약 2년 반이 걸린다는 뜻이다. 그런데 2년 반이 지난 시점에 아파트 대금 중에 남은 '잔금'이란 것을 내야 하는데, 만약 이 돈을 그때까지 마련하지 못했다면 어떻게 해야 할까?

그동안 아파트값이 수억 원 하다보니 대부분의 사람들이 자금난으로 이를 충족하지 못하는 경우가 많았다. 그동안 관례처럼 입주 시점에 맞춰 이 아파트를 전세를 놓았다. 자신은 지금 살던 집에 계속 살다가 전세 준 기간 동안 돈을 열심히 모아 이후에 들어가는 일이 잦았다.

그렇다 보니 이렇게 분양 규모가 큰 아파트단지에서는 입주 때만 되면 전세 매물이 쏟아져나왔다. 요즘 '저금리에 전세난이다' 하지 않나? 그런데 어디선가 새 아파트를 대규모로 지으면 2년 반이 지난 뒤 그곳을 중심으로 전세 매물이 갑자기 몇천 가구씩 쏟아지는 현상이 벌어졌다. 그런데 전세 수요는 한정됐으니 전셋값이 내려가는 것이다.

그럼에도 불구하고 전세입자를 찾지 못해 집이 텅텅 비는 일이 벌어졌다. 이를 '역전세난'이라고 한다. 이렇다 보니 신규 아파트 입주 시점이 되면 전세 물량이 늘어나는 이런 현상을 '입주 대란'이라고 칭한다. 전셋값이 뚝뚝 떨어지니 월세에 머물던 사람들은 이때다 싶어 전세로 갈아타기 시작했다. 월세입자가 대거 전세로 옮겨가니 월세가격도 덩달아 내려갔다.

하지만 문재인 정부 들어서면서 역전세난과 입주 대란이 사라졌다. 문 정부는 자금이 충분치 않은 사람들이 분양을 받아 매수하는 것이 집값을 오르게 만든 주범이라고 진단했다. 일부 지역에서는 입주 시점에 반드시 집주인이 일정 기간 실거주하도록 법을 개정했다. 잔금을 치를 여력이 없으면 아예 분양받지 말라는 뜻이었다. 즉 돈이 없으면 집을 사지 말라는 취지였다. 그러는 바람에 예전처럼 대규모 분양 단지에서 입주가 시작될 때 그곳에서 대규모 전세 물량이 쏟아지는 일이 사라졌다. 전세 매물이 없으니 새 아파트의 전·월세 가격이 떨어지는 일도 없어졌다. 이처럼 원룸 전·월세에 살고 있는데 왜 브랜드 분양 아파트의 입주 메커니즘과 정책 변화를 알아야 하는지 궁금할 수 있다. 하지만 이를 잘 안다면 내 원룸 전·월세 가격이 오를 것인지 떨어질 것인지 미리 알고 현명하게 대처할 수 있다.

이처럼 부동산 시장은 각각의 시장이 그 속에서 수요와 공급에 따라 돌아가지만, 또 이들 각각의 시장이 서로 영향을 주면서 맞물려 돌아간다. 내가 원룸에 살고 있으니 원룸만 알면 된다고 생각할지 모르

부동산 투자를 잘한다는 것

지만 그렇게만 보면 현재 상황을 제대로 보지 못한다. 당장 원룸이란 우물 밖으로 나와야 한다. 강남 재건축 아파트 사지도 못할 건데, 저 브랜드 아파트 너무 비싼데, 저 꼬마빌딩 내가 알아서 뭐하냐는 생각이 드는가? 이 모든 것들이 연결되어 나에게 돌아온다는 사실을 알아야 한다. 지금은 비록 원룸에 살지언정, 강남 재건축을 공부하는 것이 미래를 준비하는 부동산 공부의 핵심이 될 것이다.

2

전·월세 시장과 매매 시장, 구축과 신축

시장을 구분하는 방법은 크게 두 가지로 나뉜다. 거래하는 방식에 따라, 종류에 따라 나눌 수 있다. 거래하는 방식으로는 월세와 전세 즉 임대차 시장, 구축을 매매하는 구축 매매 시장, 새집인 신축을 청약하는 분양 시장으로 구분된다.

월세나 전세, 반전세 등으로 임대하는 시장은 임차인과 임대인 둘의 수요와 공급으로 이뤄진다. 집주인이 집을 내놓으면 세입자가 이를 계약해 거주하는 시장이다. 전세와 월세 둘 다 임차 수요고, 그 안에서 전세와 월세로 이동하기도 하니 같은 임대차 시장으로 묶이곤 한다.

또 다른 시장은 집을 구매하는 시장인데 여기에는 크게 두 시장이 있다. 하나는 기존에 있는 헌 집을 사고파는 구축 매매 시장, 다른 하나는 땅을 고르게 해 새집을 지어 올려 파는 청약 시장이다. 이렇게 나

부동산 투자를 잘한다는 것

누는 이유는 우리나라는 특이하게도 '선(先)분양제'를 택하고 있기 때문이다. 매매할 때 이미 다 지어져 있는 집을 사고팔지만, 새집은 만들어지기도 전에 분양하고 그다음에 짓는 방식이란 점에서 차이가 있다. 집이 지어지기도 전에 판다는 점에서다. 순서가 바뀌다보니 구매 방식은 물론 시장 움직임도 달리 돌아간다.

우선 구축 매매 시장은 기존에 있는 아파트를 사고파는 것이기에 그 집에 살고 있는 개인과 그 집을 사고 싶어 하는 개인 간에 거래가 이뤄진다. 내가 살던 집을 남에게 팔고 이사 가는 형태다. 집을 팔려는 사람, 사고자 하는 사람 즉 매도자와 매수자가 공인중개사를 끼고 협상해서 거래하는 형태로 진행되는 사적 거래다보니 세금이나 중개수수료, 계약서 양식 등을 맞추면 둘이 좋은 대로 협상이 진행된다. 즉 둘이 좋을 대로 알아서 하면 된다.

그런데 새 아파트를 분양받는 것은 다르다. 아파트단지 단체로 계약이 일괄적으로 이뤄지기 때문에, 이 아파트를 짓는 사업주가 일방적으로 진행한다. 사업주가 사업성을 토대로 계산기를 두들겨서 이 분양가에 팔겠다, 아파트는 이렇게 짓겠다, 대출 조건은 이렇다 등 조건을 제시하고, 이것이 마음에 드는 사람들이 모이는 방식이다. 건설사에서 만든 모델하우스에서 아파트 모형도 등을 살피게 된다. 아무나 살 수도 없다. 청약통장이란 '자격 조건'을 갖춰야 한다.

구축 매매와 청약의 차이는 무엇일까? 우선 구축 매매는 사적 거래다보니 협상이 빠르다. 둘 사이에 협상이 되면 거래가 성사된다. 둘의 의견만 맞추면 되기 때문에 쉽다. 계약부터 중도금, 잔금을 치르기까지 보통 3~6개월 걸리는데, 이보다 더 단축할 수 있고 더 늘릴 수도 있다. 그것은 두 사람 마음에 달렸다. 중도금을 치르지 않을 수도 있고 그것 역시 두 사람 마음이다. 둘의 마음만 합치되면 된다. 하지만 청약은 다르다. 약 2년 반이 걸린다. 모델하우스가 만들어진 순간부터 아파트가 지어지는 데까지 통상 걸리는 시간인데, 이런저런 일로 그보다 더 길어지는 때가 있다. 사업이 지연되면서 때론 5년이 걸리기도 한다. 공사장에서 불의의 사고가 일어나면서 중단되는 때도 있고 안타깝게도 해당 건설사가 부도가 나기도 한다. 또 그사이 부동산 시장이 어떻게 변화할지 가늠할 수 없다는 점에 리스크가 있을 수 있다. 원래 내가 샀던 분양가보다 집값이 떨어질 수 있고, 그사이 부동산 정책이 어떻게 바뀔지 모른다는 점도 위험 요소다.

이렇게 들었을 때는 구축 매매보다 청약이 나쁜 것 같지만 청약에 장점이 있다. 구축 매매는 단기에 저 많은 돈을 한 번에 내야 한다는 점에서 부담이 될 수 있다. 청약은 완성되는 데 오랜 시간이 걸리는 만큼 돈도 나눠 내다보니 자금 조달에 부담이 덜할 수 있다. 청약은 새집을 갖는 것이므로 구축보다 새집에 들어간다는 점도 장점이다. 청약은 초기에 적은 돈을 넣고 시작하기 때문에 적은 돈으로 새집을 얻는다는 점에서도 좋다. 새집이 생기는 동네에는 인프라가 발달하기 때문에 점차 그 동네가 좋아지면서 집값이 상승하는 효과가 있다.

이번에는 부동산의 종류에 따라 나눠보자. 보통 부동산이라고 하면

부동산 투자를 잘한다는 것

아파트만 떠올리기 쉬운데, 부동산은 '아니 부', '움직일 동' 즉 움직이지 않는 모든 것을 부동산으로 통칭한다. 아파트와 집을 넘어 그보다 더 큰 개념이 부동산이다. 움직이는 자동차나 비행기 등을 제외한 모든 것을 부동산이라고 언급한다. 보통 부동산에서 다루는 개념을 살펴보면 우선 땅에서 시작한다. 땅 위에 어떤 목적으로 지어 올리는지에 따라 주거용과 상업용 건물로 나뉜다. 거주할 목적으로 지어진 건물을 '주거용 건물', 상업적인 이유로 만들어진 건물을 '상업용 건물'이라고 한다. 주거용에는 우리가 잘 아는 아파트나 다세대, 단독주택이 있다. 상업용에는 상가나 오피스 등이 있다. 주거용이든 상업용이든 임대를 놓고 임대료를 받아 수익을 거둘 목적으로 매입했다면 이를 '수익형 부동산'이라고 부른다. 한참 엄마들이 은행에 적금을 넣어둬도 이자가 안 붙는다며 오피스텔을 사서 월세 받겠다던 때가 있었다. 수익형 부동산이란 직접 거주할 목적은 아니지만 다달이 수익을 얻기 위해 매입한 부동산을 일컫는다.

주거용 건물도 크게 두 부류로 나뉜다. 단독주택과 공동주택. 단독주택은 그야말로 단독주택과 다가구주택으로 구분된다. 공동주택은 우리가 제일 보편적으로 원하는 아파트와 다세대주택, 연립주택 이렇게 셋이 있다. 공동주택을 구분하는 기준은 층수다. 층수가 5개 층 이상이면 아파트, 4개 이하면 다세대나 연립주택이라 한다. 1개 동 바닥 면적 크기가 660㎡를 초과하면 연립, 그 이하면 다세대라 불린다. 무슨 소린지 너무 어렵다면 4개 층 이하인데 크기가 좀 크면 연립주택, 좀

작으면 다세대주택이라고 이해하면 된다.

이쯤 하면 궁금해진다. 도대체 아파트보다 저렴하다길래 눈여겨봤던 빌라는 언제 나올까 싶다. 정확히 말하면 빌라는 건축법상 존재하는 용어가 아니다. 연립이나 다세대를 포괄하는 개념이다. 해외에서 빌라는 고급 주택을 칭하고 국내에서도 풀빌라는 럭셔리한 공간을 의미하다보니 주택사업주가 집을 판매할 때 마케팅적 요소를 가미해 빌라, 빌라 하던 게 사람들 사이에 굳어진 것이다. 하지만 실제로 빌라를 거래하려고 건축물대장을 떼어보면, 다른 명칭으로 적혀 있어 당황할 수 있다. 그래도 건축물대장에는 왜 빌라가 아닌 다세대주택이라고 써 있냐고 따지는 일은 없어야겠다.

또 하나 주의할 점이 있다. 다세대주택은 다가구주택과 둘은 이름이 비슷해 혼동하는 경우가 많은데 엄연히 차이가 있다. 하나의 건물 안에 주택이 많은 형태란 점에서 외관상 비슷하다. 하지만 둘을 구분해야 한다. 다세대주택은 그 안에 있는 주택 하나하나가 개별 집이고, 다가구주택은 주택이 여러 개 있어 개별 집처럼 보이지만 통으로 건물 한 채가 집이란 점에서 차이가 있다. 즉 다가구주택 건물은 통으로 사고팔 수 있고, 다세대주택처럼 낱개로 팔 수 없다. 이런 것을 머리 아프게 왜 알아야 하나 싶은가. 겉으로 봤을 때 비슷해 보여서 다가구주택을 다세대주택으로 혼동하는 일이 빈번히 발생하곤 한다. 다가구주택은 아무리 안이 따로 쪼개져 있어도 따로 판매가 안 되기 때문이다. 집주인이 다가구 주택을 다세대주택인 양 개별로 팔려고 사기를 친다

부동산 투자를 잘한다는 것

면 빨리 알아차려야 한다. 최근 다가구주택은 멋스럽게 개조해서 셰어하우스나 게스트하우스, 카페 등으로 활용하는 사례가 많다.

그럼 원룸과 투룸, 쓰리룸은 무엇인가? 그것은 건축법상 어떤 형태라기보다 어떤 집이 됐든 방이 한 개인 집이라면 원룸, 방이 두 개인 집이라면 투룸이라고 부른다. 오피스텔인데 방이 한 개면 원룸, 다세대여도 방이 한 개면 원룸, 심지어 아파트 중에서도 1인 가구를 위한 작은 임대용 집을 짓기도 한다. 이게 방 한 개에 작은 여닫이문이 달린 형태로 나오기도 한다. 이 경우도 아파트이지만 원룸이 될 수 있다. 원룸이라고 해서 따로 어떤 형태가 있는 게 아니라 방의 개수에 따라 칭하는 용어일 뿐이다.

3

나 말고 집주인 사정도
생각해보자

부동산 시장을 생각하면 나만 생각하기 쉽다. 여기에 집주인 사정
도 생각하자고 말하면 화날 수밖에 없다. 아니 지금 집값도 오르고 월
세 올리는 집주인 얄미워 죽겠는데, 쥐가 고양이 생각을 하라는 것인
가 하고. 자자 잠시만, 집주인도 힘드니 그들 사정까지 봐주자는 말
이 아니다. 집주인들이 어떤 상황에 처해 있는지 그 상황도 살펴보자
는 뜻이다. 왜냐면 부동산 시장은 한 방향이 아닌 쌍방향으로 이뤄지
니까. 사는 사람이 있어야 파는 사람도 팔 수 있고 집을 내놓는 사람이
있어야 세 들어 살 수 있다는 점에서다. 매도자나 임대인의 처지가 안
됐다며 그들의 사정을 봐줘야 한다는 뜻이 아님을 강조한다. 상대방이
지금 어떤 상황인지 이해해야 그들이 앞으로 어떤 선택을 내릴 것이고
그에 따라 시장은 어떻게 변화할 것인지 파악할 수 있으며 그렇다면

부동산 투자를 잘한다는 것

나는 어떻게 대처하고 대비해야 할지 계획을 세울 수 있다. 내 입장만을 생각하고 있다면 쌍방향으로 돌아가고 있는 시장을 온전히 이해할 수 없다. 지피지기면 백전백승(知彼知己百戰百勝), 적을 안다고 하면 과격한 표현 같지만 상대를 알면 시장을 더 입체적으로 알 수 있다.

또 다른 이유는 언제든 내가 임대인이 될 수 있기 때문이다. 일각에서 집을 산 사람을 '악한 사람', 임대업을 하는 집주인을 '탐욕스러운 사람'으로 치부하곤 한다. 이들이 시장을 교란하고 투기하는 바람에 집값이 올랐다, 불로소득을 거뒀으니 비난받아 마땅하다는 식으로 기사에 악플을 달기도 한다. 특히 집이 없거나 주거 사각지대에 있는 경우 답답한 마음에 그런 말이 나올 수 있다는 점도 이해한다. 때에 따라 투자 열기가 과열됐거나 과도한 투기 세력이 있긴 하지만 집을 산 사람이 혹은 임대업 하는 사람이 악인이라고만 비난할 수 없다. 우리가 언젠가 그 위치에 갈 수도 있으니까 말이다. 그리고 임대업 하는 사람이 있기에 부린이 세입자를 위한 전·월세 물량이 나오는 것이기도 하다. 그렇다면 그들을 악인으로 비난만 할 수 없지 않을까. 언젠가 집을 살 수도 있고, 나도 언젠가 임대사업자가 될 수도 있는데 그렇다면 부정적인 프레임만 씌울 것이 아니라 지금의 정책하에 집주인, 임대업자들은 어떤 입장일까, 만약 내가 집주인이라면 어떻게 해야 할까 생각하고 상상해보는 것이 큰 도움이 된다.

4

시장의 기본은 수요와 공급

부동산 각각의 시장을 봤으니 이 시장이 돌아가는 원리를 살펴보자. 시장이 돌아가는 이치가 비슷하듯, 부동산 역시 수요와 공급이 기본 중의 기본이다. 부동산 시장에서 집값은 집이 필요한 사람과 집을 내놓는 사람, 즉 수요와 공급이 얼마나 되느냐에 따라 조절된다. 그리고 대부분 수요자들이 원하는 가격대와 공급자가 원하는 가격대 중간에서 최종 가격이 형성된다.

전·월세 시장에서는 전세와 월세를 원하는 사람들이 많을수록 임대 수요가 늘어나고, 집을 전세나 월세로 놓는 수가 많을수록 임대 공급이 많아진다. 대체로 다주택자가 자신이 살고 있는 집을 두고 여분의 집을 전세나 월세로 놓는다. 부동산으로 수익을 창출할 목적으로 오피스텔이나 다세대주택 등을 매입해 임대사업자로 등록한 뒤 조건이 맞는 사람에게 세를 준다.

A지역에 전·월세 수요는 어떻게 될지 살펴보자. 이 지역에 대학교 분교가 이전했다고 가정하자. 그러면 특히 월세 수요가 늘어날 것이다. 다가구주택이 늘어나면서 기존에 있던 오피스텔이나 다세대주택 월세가격도 올라간다. 비싼 가격에도 들어오겠다는 사람이 넘쳐나니 집주인들이 가격을 계속 마음껏 올리게 된다. 점차 이 동네에는 월세 수요가 많아서 임대료를 높게 받을 수 있다는 소문이 인근 동네에 퍼진다. 돈 냄새를 맡은 사업주들이 모여든다. 낡은 집을 부수고 신축 빌라를 짓기 시작한다. 빈 땅을 사서 오피스텔을 지어 올린다. 이렇게 지은 건물로 월세 임대업을 시작한다. 이런 건물이 점차 늘어나더니 어느새 임대 수요와 공급이 맞아떨어지는 순간이 찾아왔다. 결국 월세가 비싼 집에는 학생들이 발길이 점차 끊긴다.

그런 상황에서 코로나19가 터졌다. 학생들이 학교에 가지 않고 홈스터디를 시작한다. 학교 앞 원룸은 텅텅 비어간다. 이미 전·월세 공급 물량이 크게 늘어난 상황에서 임대 수요마저 급감하니 빈방이 더욱 넘쳐난다. 이런 것을 공실(空室)이 났다고 하며 '공급 과잉' 상태라고 한다. 급기야 집주인들은 월세를 낮추기도 하고 이벤트도 진행한다. 집주인 중에는 무리하게 대출을 받아 임대업을 시작한 경우도 있는데, 대출금과 이자를 갚느라 허덕이다가 결국 집을 팔거나 빚더미에 앉은 채 임대업을 그만둔다. 공실에 시달리던 신축 빌라는 경매에 넘어간다.

이처럼 기본적으로 수요와 공급에 따라 임대료가 달라지고, 이 가격에 따라 수요와 공급이 달라질 수 있다. 사회, 경제적인 이유나 주변 환경 변화에 따라서도 달라진다.

우리에게 친숙한 전·월세 시장을 봤으니 이제 매매 시장을 살펴보자. 매매 역시 집을 사려는 수요가 많을수록 집값은 하락하고 팔려는 공급이 적을수록 집값은 오르는 경향이 있다.

그렇다면 여기에서 말하는 수요가 많다는 건 어떤 것일까? 그야말로 집을 사고 싶어 하는 사람들이 많다는 것은 우선 인구수를 들 수 있다. 최근 인구수가 줄어들고 있다. 출산율이 낮아지면서 이러다 인구 절벽이 현실화되겠다는 우려가 나온다. 이 때문에 집값이 급락할 수 있고 지방에서는 빈집 사태가 벌어질 수 있다는 전망도 제기된다. 한편으로는 인구는 줄어들고 있지만 핵가족화를 넘어 1인 가구화로 인해 가구 수는 오히려 늘어나고 있다. 그래서 집에 대한 수요는 늘고 있다는 분석도 나온다. 이전에는 가족들이 한데 모여 집 한 채에 살았다면 요즘에는 가족이 다 뿔뿔이 흩어져서 각자의 집에 살고 있기에 인구수는 적어도 집이 필요한 사람의 수는 여전하다는 설명이다. 어느 주장이 맞을지는 확신할 수 없다. 시대는 계속 급변하고 어떤 변수가 튀어나올지 모를 일이다. 우리가 이런 코로나19가 툭 튀어나올지 어떻게 알았으며, 코로나가 다시금 들어갈지는 어떻게 알았겠나.

인구수가 같다면 매수를 만드는 요인을 살펴볼 수 있다. 다른 매수 요인은 뭐가 있을까? 가령 전셋값이 너무 올랐다면, 이렇게 비싼 전세에 살 바에야 차라리 집을 사는 게 낫겠다는 생각이 들 수도 있다. 가

부동산 투자를 잘한다는 것

령 주택대출자금을 조달하기 좋은 상황이라면 어떨까? 이참에 대출받아 집을 사자는 생각이 들 수 있다. 기준금리가 낮아져서 대출금리도 낮다면 어떨까? 대출이자 부담도 적다면 빚내서 집을 사도 괜찮겠다는 생각에 수요가 자연스럽게 늘어날 수 있다. 이것 역시 내 집 마련 수요를 늘리는 요인이 될 수 있다.

반대로 주택 공급을 늘리는 요소에는 어떤 것들이 있을까? 정말로 집이 물리적으로 많아지는 경우가 있다. 우선 정부에서 공공정책의 일환으로 주택을 공급할 수 있다. 공공 물량을 늘리는 사례가 있다. 정부에서 공공 아파트를 대량 짓거나, 민간 건설사들이 아파트를 짓겠다고 할 때 허가를 많이 내주는 사례가 여기에 해당된다. 그렇다면 새 아파트가 전국 곳곳에 늘어나면서 수요 대비 공급량이 늘어난다.

혹은 집주인이 집을 팔려고 내놓으면서 물량이 늘어날 수 있다. 왜 팔려고 내놓을까? 여러 이유가 있다. 가령 정부에서 세금을 과하게 매기는 경우다. 집을 여러 채 갖고 있는 사람들이 도저히 이 집을 갖고 있기 힘들다면서 한 채, 두 채 내놓는 경우다. 집을 살 때 대부분 대출을 끼고 산다. 그런데 기준금리가 오르면서 대출금리도 덩달아 오른다면? 대출을 고정금리가 아닌 변동금리로 받았다면 대출이자를 갚는 부담이 커지게 된다. 이때 이자 부담을 이기지 못하고 결국 집을 팔아버리겠다며 내놓을 수 있다. 특히 집값이 현재 고점이라 생각해 하락 징조가 보인다면 더욱 그렇다. 어떤 이유에서든 내놓은 집이 늘어나면 수요 대비 공급량이 늘어나면서 집값이 내려갈 수 있다.

고정금리와 변동금리의 차이점은?

주택담보대출이나 전세자금대출 등 부동산과 관련된 대출을 받을 때는 장기간에 걸쳐 대출금을 갚게 된다. 그렇다 보니 대출이자를 어떤 방식으로 갚을지 선택해야 하는데 그 방식에 고정금리와 변동금리가 있다. 대출이자를 산정할 때 대출금의 몇 퍼센트의 이율을 적용할 것인지를 결정하는데 그 몇 퍼센트를 '금리'라고 한다. 그리고 이 금리의 기준이 되는 것이 한국은행에서 책정한 기준금리가 된다.

이 기준금리는 한국은행의 금융통화위원회란 곳에서 주기적으로 대내외적인 상황을 보고 책정한다. 그때그때 바뀌는 기준금리에 따라 내 대출금리도 바꾸는 것을 변동금리, 어떤 상황이든 상관없이 일정하게 만드는 것을 고정금리라고 한다. 앞으로 기준금리가 오를 것 같을 때는 고정금리 상품을 선택하는 것이 좋고, 내려갈 것 같을 때는 변동금리 상품을 선택하는 것이 낫다. 참고로 기준금리는 코로나19 이후 사상 최저 수준인 연 0.5%까지 떨어졌지만 지난해 8월과 11월, 2022년 1월과 4월 네 차례 걸쳐 각각 0.25%포인트 인상됐다. 앞으로 계속 상승할 것으로 예상된다.

부동산 투자를 잘한다는 것

5

정치·사회와 국제란 톱니바퀴

집값은 수요와 공급이 조율되며 정해진다고 하니 신문에서 부동산
면, 나아가 경제면만 유심히 보면 되지 않을까 싶은가. 하지만 부동산
공부가 생각보다 단순하지 않다. '찐 부동산'을 공부하려면 이를 넘어
사회와 정치, 산업, 외교, 국제 등 다양한 영역에 관심을 기울여야 한
다. 부동산은 기본적으로 경제학의 기본 원리인 '수급(수요와 공급)'에 따
라 가격이 결정되지만, 사회부터 정치와 경제, 국제 정세에 심지어 심
리적인 요소까지 영향을 받는다.

우선 기본적으로 건설사에서 얼마나 집을 짓는지 국토부에서 입주
가 가능한 집은 얼마인지(입주 물량), 지금 안 팔리고 남아있는 집은 얼
마인지(미분양 물량 혹은 잔여 가구) 살펴야 정확한 공급 물량을 이해하게
된다. 반대로 수요량을 확인하기 위해서는 집은 단순 소비재가 아니기

때문에 단순 경제적인 요소뿐 아니라 사회적인 추세도 반영해야 한다. 최근 고령화가 진행되고 청년 1인 가구가 증가하는 사회 추세부터 은퇴 가구들이 농촌으로 가는 트렌드나 세컨드하우스를 소유하는 것이 유행처럼 번지는 현상, 지금은 사라졌지만 제주도 한 달 살기 등의 트렌드도 살펴야 한다. 코로나19 사태가 확산될 때는 이전보다 집에 있는 시간이 늘어나면서 소형에서 다시 중대형, 심지어 펜트하우스를 선호하는 현상으로 회귀했던 것도 눈여겨봐야 한다.

취업난과 실업난이 점차 심해지고 있다. 딩크족도 늘어나는가 하면 코로나가 끝나고 엔데믹이 됐지만 많은 기업들이 반 재택근무를 검토하고 있다. 단순히 인구수가 줄었다고 주택 수요를 계산할 것이 아니라 시시각각 변화하는 사회현상에 대한 이해가 선결되어야 정확한 주택 수요를 따져볼 수 있다.

또한 부동산은 금융과도 연결된다. 집은 4050세대의 자산 약 70%를 차지할 정도로 비싸다보니 대출을 받지 않고는 살 수 없다. 즉 얼마나 은행에서 돈을 빌릴 수 있는지, 그 이자는 얼마나 되는지, 대출을 받아도 향후 갚을 수 있는 수준인지가 집을 살 때 매우 중요하게 작용한다. 한국은행에서 거의 매달 발표하는 기준금리에 모두가 주목하는 이유다. 이 기준금리가 대출이자에 영향을 미치는 대출금리를 산정하는 기준이 된다. 그리고 이 기준금리는 미국의 금리와 연동되니 국제 정세도 잘 살펴야 한다. 결국 금융 뉴스는 물론 국제 경제뉴스도 눈 동그랗게 뜨고 주시해야 한다. 글로벌 뉴스도 잘 살펴야 하는데, 혹시 글로벌 금융시장에 영향을 미칠 만한 소식에는 뭐가 있을지 눈여겨봐야 한다.

또한 건물을 하나 지으려 해도 내 마음대로 지을 수 없다. 구청이나 시 등 지방자치단체(지자체)의 허가가 필요하다. 층수나 규모를 정하려고 해도 시·구청의 심의를 거쳐야 한다. 주택법이나 건축법에서 정해진 범위 내에서만 가능하니 주의가 필요하다. 법에 따라야 하는 만큼 국회에서 어떤 법안을 내놓았느냐에 주목해야 한다. 가령 임대차 3법이 국회를 통과함에 따라 전·월세 시장에 변화가 생겼다. 정치면을 잘 보지 않았다면 몰랐을 일이다. 물론 하도 떠들썩했던 법안이라 꼭 정치 뉴스를 보지 않아도 자연스럽게 알게 됐겠지만 말이다. 윤석열 정부에서 이 임대차 3법을 개정하겠다고 나섰지만 '여소야대(與小野大), 여당 국회의원이 적고 야당 국회의원이 많다보니 결국 추진하지 못했다. 즉 정치 뉴스를 알지 못하면 내가 몸담고 있는 월세 시장이 어떻게 왜 바뀌지 못하는지 이해하지 못한다. 이번 지방선거 공약이 우리 동네 지하철역 개통이라고 치자. 이런 대형 개발 호재가 지역 경제와 부동산 시장에 미치는 영향이 상당하다. 공약대로 사업이 제대로 추진되지 않는다면 어떻게 될까? 이처럼 정치적인 상황이나 약속, 공약도 부동산 시장에 영향을 크게 미친다.

사건 사고 영향도 크다. 결국 집은 내가 살아가야 하는 공간이기 때문이다. 가령 내가 살아가야 하는 동네에 끔찍한 연쇄살인사건이 일어났다고 가정하자. 동네 이름을 넣어 ○○동 살인사건이란 뉴스가 계속 나오면 어떻게 될까? 그 지역 주민들이 지역 이름을 빼달라고 방송사에 항의하는 일도 허다하다. 그 지역에 대한 편견으로 집값이 떨어질까 우려해서다. 1986년부터 1991년까지 경기 화성시에서 10여 명의 부녀자가 강간·살해당한 사건이 발생했다. 지명이 계속 언급되고 급기야 영화 〈살인의 추억〉에서도 언급되면서 30여 년이 지난 지금까지 살인사건이 났던 위험한 동네라는 이미지가 남아있다. 당시 치안이 좋지 않은 동네라서 살기 꺼려했다. 이런 것도 집값에 영향을 미친다. 최근 한 여성이 보험금을 노리고 계곡에서 남편을 살해한 것으로 비난을 받은 사건이 보도되면서 '가평'이란 지역명이 뉴스에 계속 언급됐는데, 이것을 두고 가평 지역 주민들이 항의한 사건이 발생했다. 지역명이 언급되면서 나쁜 이미지가 심어질 수 있다는 우려에서였다. 실제로 끔찍한 살인사건이나 재앙이 터진 곳이 지역명 혹은 아파트명과 여러 번 노출되면 사람들이 은연중에 그 지역을 꺼리게 되면서 수요가 줄어드는 일이 벌어진다.

재난도 마찬가지다. 국내에 지진이 발생하거나 대형 참사가 일어나는 때도 있다. 이럴 때 사람들은 집을 잘 보러 다니지 않는다. 자연스레 수요가 줄어든다. 너무 덥거나 추울 때, 비가 많이 오거나 눈이 많이 올 때도 마찬가지다. 이런 때를 계절적 비성수기라고 칭한다. 여름 장마철, 겨울 혹서기가 여기에 해당된다. 북한에서 갑자기 핵 등으로 도발하면 그때도 거래가 침체되는 경향이 있다. 부동산은 이처럼 심리의 영향을 받기도 한다.

6

정부의 직접 개입,
부동산 정책

직접적인 영향을 주는 요인이 있으니 바로 부동산 정책이다. 정부에서는 시장이 너무 급등하거나 급락하는 것을 원치 않는다. 집은 거주의 공간이다 보니 서민들의 주거 안정을 위한 목적도 있기 때문이다. 그래서 늘 안정적인 수준을 유지할 수 있도록 집값이 폭등하거나 폭락하지 않도록 인위적으로 조정한다. 그것이 정부의 '부동산 정책'이다. 집값이 너무 오르면 이를 억제하는 대책을 쓰고, 너무 떨어지면 이를 띄우는 정책을 쓴다. 정부가 시장 참여자로 직접 개입하는 방식이다. 그럼 정부가 직접 개입하는 부분에는 어떤 방식이 있는지 큰 틀에서 알아보자.

첫째, 공급량이다. 민간에만 맡기면 민간 건설사는 자본주의 원리에 따라 자신들이 돈을 벌 수 있는 방향으로만 움직이기 때문에, 상대적으로 자금이 여유롭지 않은 저소득층을 위한 주택이 충분하지 않을 수 있다. 또 한쪽으로만 쏠림 현상이 일어날 수도 있다. 한쪽 집값만 오르고 다른 쪽은 떨어지는 양극화가 일어날 수도 있다. 과밀현상을 해결할 수 있도록, 지방 등에도 주택이 골고루 돌아갈 수 있도록 공급을 조절한다. 신도시나 택지지구도 개발한다.

둘째, 세제 정책이다. 부동산이 일부 돈이 있는 사람들에게만 너무 편중되었다 싶으면 부동산을 많이 갖고 있는 사람에게서 세제를 거두는 방법으로 부의 재분배를 한다. 세제는 크게 세 가지로 분류된다. 집을 살 때, 갖고 있을 때, 팔 때 내는 세금으로 분류된다. 다시 말하면 집을 살 때 내는 취득세, 갖고 있을 때 내는 보유세, 집을 남에게 넘길 때 내는 양도소득세(양도세)가 있다.

취득세는 취득하는 금액을 기준으로 과세한다. 금액대 별로 구간을 나눠 그 비율을 달리해서 세금을 매기는데, 고가의 주택을 사거나 투기가 심한 지역에서 집을 살 때 엄격한 잣대를 들이밀어 세금을 부과한다. 이런 방식으로 부동산 투기를 조절하겠다는 취지다. 보유세는 집을 보유하는 동안 부과되는 세금이다. 여기에는 재산세와 종합부동산세(종부세)가 있다. 재산세는 그야말로 집을 재산으로 보고 걷는 세금이다. 재산세는 6월 1일을 기준으로 주택이나 토지 소유자에게 부과된다. 앞서 말한 공시가격을 기준으로 매기게 된다. 종합부동산세는 이런 부동산이 일정 금액 이상인 경우 추가로 부과되는 세금이다. 인

별로 소유한 전국 주택의 공시가격 합계액이 6억 원 초과, 토지는 5억 원 초과하는 등 부동산을 많이 가지고 있는 사람에게 별도로 부과하는 세금으로 일반적인 사람들과는 먼 세금이다.

셋째, 대출 규제다. 소득이 많지 않으면 대출을 받지 말라거나, 이미 대출을 많이 받았으면 더 이상 대출을 받지 말라는 식으로 대출 한도를 제한하는 식이다. 앞서 말한 DTI(Debt to Income ratio)나 DSR(Debt Service Ratio) 등의 비율을 높이거나 낮추면서 규제하는 정책이 여기에 해당된다.

이 밖에도 정부는 건설사나 시행사, 공인중개사, 유관기관 등 시장 참여자에 대한 부동산 정책을 내면서 시장에 영향을 끼치고 있다. 이런 정책 하나하나를 낼 때마다 오르던 집값이 떨어지거나 오른다. 정부의 정책은 그 영향력의 차이일 뿐 대체로 어떤 식으로든 가격에 영향을 미친다. 그렇기에 정책이 나올 때마다 누구에게 어떤 식으로 영향을 미치는지 꼼꼼히 파악하고 정리해두는 습관이 필요하다.

7

부동산 전망이
줄곧 틀리는 이유

기자들이 부동산 기사를 쓸 때 유독 많이 쓰는 말이 있다. 바로 '전망'이란 말이다. 보통 기사들은 과거형이다. 일어난 일을 전달하기 때문에 '~했다'는 과거형으로 기술한다. 국회의원 누가 탈당했다거나 A 씨가 구속됐다는 식으로 표현한다. 이미 발생한 일을 서술하듯 표현하기 때문에 '~가 일어났다'거나 '~가 ~했다'는 식으로 팩트를 과거형으로 담아낸다. 하지만 부동산 기사는 상당수가 미래형으로 표현된다.

대부분의 기사 어미가 '~예상이다', '~전망이다', '~일 것이다', '~보고 있다', '~기대된다', '~우려된다', '~계획이다', '~여겨진다'는 식이다. 무엇인가 판단하고 분석한 것처럼 보이지만 모두가 지금의 현재 내용을 기반으로 기자와 전문가가 예측한 내용에 불과하다. 물론 모두가 다 그렇다는 것은 아니다. 다른 기사보다 이 같은 미래형 기사, 전망 기사

부동산 투자를 잘한다는 것

비율이 많다는 뜻이다.

대게 연말이나 연초가 되면 한 해 집값이 어떻게 변화할지 전망하는 기사가 쏟아진다. 구체적으로 상반기와 하반기를 나눠 전망하는 기사가 쏟아진다. 정부에서 부동산 대책을 발표하면 그에 맞춰 이 대책에 따른 시장 변화를 전망하는 기사가 나온다. 그래서 정책에 따라 집값은 어떻게 움직일지 예측하는 식이다. 어느 지역에 대형 쇼핑몰이 들어선다고 치자. 그 팩트에 덧붙여 향후 인근에 상권은 어떻게 변화할지, 그래서 아파트값은 어떻게 달라질지 예측하는 기사도 덩달아 줄줄이 나온다. 주변 부동산 입지 등을 분석하기도 하고 전문가에게 자문을 구하기도 하고 그 근거는 여러 데이터를 통해 나오지만 어쨌든 그것은 팩트를 기반으로 한 예측이다.

이런 기사를 쓰는 이유는 하나다. 독자 입장에서 어떤 결정을 내리면 좋을지 도와주기 위해서다. 지금의 전세난에서 '존버(끝까지 막연히 버티다)'하는 게 나을지, 차라리 대출을 더 받아 매매로 갈아타는 게 좋을지, 다주택자라면 세금 부담을 피해 가지고 있는 주택을 파는 게 나을지, 판다면 지금이 나을지, 조금 더 기다렸다가 파는 게 나을지, 판다면 수도권 아파트가 나을지 강남 아파트를 파는 게 더 나을지, 어떤 것이 절세 효과가 있을지 등 내가 선택할 수 있는 여러 선택지 중에서 나에게 유리한 것을 고르는 일을 돕기 위해서다.

나 역시 수많은 전망 기사를 써 왔고, 내로라하는 전문가들도 매번 부동산 시장을 전망한다. 물론 맞추는 사람도 있고 그렇지 않은 사람도 있다. 사실 맞지 않는 때가 더 많다. 심지어 완전히 정반대의 전망을 하는 전문가도 있다. 그럼 그의 실력이 형편없기 때문일까? 못 배운 사람이라서? 사기꾼이라서? 그렇지 않다. 다가오지 않은 미래, 예측할 수 없는 변수가 튀어나올 것까지 감안해서 맞춘다는 것 자체가 쉽지 않기 때문이다. 또 정확하게 부동산 시장을 전망하기 쉽지 않은 이유가 따로 있다. 부동산 시장 전망 자체가 미래 시장에 영향을 미치기 때문이다.

전망의 기본 원리는 과거 부동산 시장을 살피고 현재 나온 부동산 대책이나 사건 등의 변화를 분석하는 데에서 시작한다. 그리고 현재 나온 대책이나 사건 등의 변화를 분석하는 것에 이어진다. 이대로 흘러간다면 미래에는 집값이 오르거나 떨어질 거라고 예측하는 식이다. 그런데 신문이나 방송 뉴스 등에 이 예측이 나오거나 유튜브나 전문가 등의 입에서 이런 내용이 퍼지는 순간, 사람들의 귀에 들어가서 이제 시장에서 수요와 공급이 움직이게 되는 순간, 이 전망은 맞지 않는 방향으로 움직이게 된다. 그 전망을 보고 오히려 수요나 공급이 움직이거나 끊기는 식으로 변화하는 것이다. 그럼 이런 변화 때문에 결국 시장이 애초에 내놓았던 전망과 또 다른 방향으로 흘러가게 된다. 전망했던 그 시점에는 맞았지만, 그로 인해 시장이 움직이면서 시장의 판도와 판이 예상과 다르게 바뀌게 되는 식이다.

이처럼 대다수의 부동산 책이나 공식기관의 전망이 맞는 경우가 많지 않은 경우도 이와 마찬가지다. 그래서 대다수 부동산 시장 전망만을 다룬 재테크 서적의 유효기간을 6개월이라고 말하는 이유가 이들이 잘 맞추지 못해서가 아니다. 이런 전망이 시장에 영향을 주면서 달라질 수 있기 때문이다. 현재 상황만으로 분석해 미래를 알아맞히는 것 자체도 어렵지만 전문가들이 예측한 것을 보고 수요나 공급의 방향 틀어지면서, 전망했던 당시와 시장 상황이 달라질 수 있기 때문이다. 당시에는 맞았던 전망이 시간이 흐른 뒤에는 틀린 예측이 될 수 있다는 뜻이다.

또 다른 이유는 '변수'에 있다. 앞서 말한 것처럼 부동산 시장은 너무 많은 변수가 맞물려 돌아간다. 단순히 집값은 수요와 공급으로 가격이 결정되는 단순한 경제학의 문제가 아니다. 사회와 정치, 경제, 국제, 외교, 국방, 심지어 사건 사고부터 심리적인 문제까지 다방면적인 요소가 입체적으로 맞물려 일어난다.

누가 이런 코로나가 터질 줄 알았을까? 코로나가 터져서 역대 최저, 미국은 제로금리까지 낮출 줄 알았을까? 그러는 바람에 사람들이 너나 할 것 없이 '빚투'할 줄 상상이나 할 수 있었을까? 문재인 정부가 등장한 것, 또 속사포처럼 정책을 쏟아낼 줄 누가 알았을까? 아무리 전문가라고 해도 이런 것까지 다 예측할 수는 없다. 대략적으로 인구 절벽이 오고 집값이 너무 올랐다는 전망은 할 수 있지만 갑작스러운 세계적인 질병, 러시아와 우크라이나 사이 전쟁, 그로 인한 원자재값 상승 등은 전혀 예상할 수 없는 변수다. 그런데 이런 것들도 부동산 판도에 영향 미치는 요소이니 부동산 전망을 맞춘다는 건 그래서 신의 영역이라고 계속 말하는 것이다.

결론보다 논리기작,
부린이 탈출 ABC

그렇다고 기사에 나오는 전망들 다 쓸데없으니 보지 말라는 뜻이 절대 아니다. 아마 기사든 책이든 전문가의 방송이든 보다보면 절반 이상이 앞으로 집값이 오를지 떨어질지와 같은 전망이 정말 많이 나올 것이다. 어차피 쓸모없는 말들의 향연인데 말이다. 내가 하는 말의 의도는 부동산 전망은 변수가 많고, 그 자체가 시장을 움직일 요인이 되기도 하니 맹신하지 말라는 것이다. 그럼 맞지도 않는 전망, 알아서 뭐 하자는 것일까?

전망의 결론에 집착하기보다 전문가들이 이 전망을 도출해내는 과정에 집중하길 권한다. 전문가들이 지금 현 상황은 이렇고 과거에는 이래 왔기에 이런 근거를 토대로 저는 앞으로 이럴 것이라고 예상한다고 장황하게 설명한다. 그러니 집값이 오른다, 떨어진다 이런 결론에 집착

하지 말고, 그 전에 왜 그렇게 생각하는지 그 논리기작에 귀를 기울이길 바란다. 왜 오른다고 생각했는지 그 근거를 파악하는 것은 부동산 공부의 핵심이다. 이것이 굉장히 중요하다. 그 어떤 전문가도 집값 그냥 오를 것 같다고 말하지 않는다. 논리적인 근거를 들면서 하나하나 설명한다. 그 논리적인 기작을 하나하나 키우고 모아가는 것을 꾸준히 해야 한다. 그 근거들을 많이 축적할수록 부동산 지수가 팍팍 오를 것이다.

가령 기준금리가 오르면 대출을 받기 어려워지면서 주택 수요가 줄어들 수 있다는 점, 이것이 집값 하락의 요인으로 작용할 수도 있다는 점을 하나 짚고 갈 수 있다. 또 다른 논리기작으로 정부에서 건축 인허가 물량을 늘려주면 건설사들이 건설사업을 용이하게 할 수 있고 이곳저곳에 주택 물량을 늘리게 될 테니 민간 아파트 분양 물량이 곧 늘어날 수 있겠구나 하고 예측할 수도 있다. 그렇다면 신규 분양 물량이 올해부터 늘어날까? 이렇게 생각하면서 주택 공급이 늘어날 수도 있겠다고 연결할 수도 있다.

우리가 언제까지나 전문가들이 "올해는 집값 오릅니다. 무조건 올초에 집 사세요," 혹은 "지금 집값은 거품입니다. 집 사지 말고 전세에 머무르세요" 하는 말들에만 의존할 수는 없는 일이다. 각자 개인이 처한 상황은 다르고, 지역마다 주택마다 상황은 각각 다르다. 과거에 집값은 거품이며 반 토막이 될 것이라고 대대적으로 주장하던 하락론자가 있었다. 하지만 지금 그의 예언(?)과는 정반대로 집값은 천정부지로 올랐고 그를 지지하던 대중들은 그를 비난하고 손가락질하고 있다. 하지만 그가 학식이 떨어진다거나 배움이 부족하다거나 나쁜 마음이 있어서 그랬던 것은 전혀 아니라고 생각한다. 그는 우리나라 엘리트 코스를 밟아왔고 부동산과 경제 분야 전문가였다. 그의 실수는 기준금리가 제로 수준까지 떨어질 것을 미처 예측하지 못한 점이라고 생각한다. 전 세계적으로 코로나19 사태가 닥쳐와 미국을 비롯해 글로벌 금융당국에서 기준금리를 이렇게까지 낮출 것까지 예측 못한 것이 최대의 실수라면 실수였다.

이처럼 아무리 뛰어난 고수라도 미래에 일어날, 심지어 부동산이 아닌 다른 그 외 사건까지 예언해서 부동산 시장에 반영하는 것은 쉽지 않다. 하지만 당시 그 하락론자의 '집값은 떨어진다'는 결론이 아닌, 그 하락론자의 논리기작을 집중해서 공부했다면 그다지 큰 배신감은 들지 않았을 것이다. 그리고 그 속에서 충분히 배우고 얻고 깨달은 것이 있었을 것이다. 빼어난 전문가도 실수할 수 있다. 그 사람이 나쁘고 못나서가 아니다. 전문가가 점쟁이는 아니기 때문이다. 그만큼 전망을 맞추기는 미래를 점치는 일만큼 쉽지 않기 때문이다. 전망이 틀렸다고 그 사람을 원망한다고 뭐가 달라지는가. 결국 미래의 결정을 내리는 판단은 스스로 해야 한다. 그 판단에 대한 책임도 나 스스로 져야 한다. 그렇다면 전문가가 한 전망에서 핵심을 얻어가려면 전망의 결과가 아닌 그 앞단, 즉 논리기작에 초점을 맞추며 공부하는 습관을 길러야 한다. 그리고 결론은 스스로 내리는 연습을 해야 한다. 그 속에서 나만의 통찰력을 만들어야 한다. 그것이 진정한 부동산 공부가 될 것이다.

전세, 본격적으로 구하는 법

1. 전세 가용 자금 생각하기, 월세보다 나을지 체크하기

전세를 구하기 전에 일단 보증금으로 가용 가능한 금액이 얼마인지 따져봐야 한다. 현재 보유하고 있는 시드머니가 얼마인지 확인해보고, 그 금액으로 전세계약을 할 수 있다면 굳이 대출을 받지 않아도 된다. 다만 중소기업대출 100%, 80%처럼 이자 부담이 적지만 대출이 굉장히 많이 나오는 상품 등을 활용해서 좀 더 거주의 편의성을 높이는 방법을 쓸 것인지, 이자가 저렴한 정책 상품을 써서 전세 가용 금액을 늘릴 수 있는 방법이 있는지 등 다양한 방법을 타진해보자. 반대로 시드머니가 많지 않아서 대출을 많이 받아야 하는 경우 최대한 이자 부담을 줄이면서 가용 가능 금액이 얼마인지 계산해보자. 중요한 것은 다달이 나가는 이자 비용을 최대한 아끼는 방법을 찾아보는 것이다. 사회초년생 때는 고정비 지출을 줄이는 것이 가장 중요하다.

2. 가능한 지역, 매물 찾기

다음은 가용 자금을 이용했을 때 계약 가능한 지역과 매물을 찾는 것이다. 이때의 기준은 자신이 왜 집을 구하고 있는지 목적을 정확히 아는 것이다. 학교나 직장 때문인지, 단순히 부모 집에서 독립하고 싶은 것 때문인지, 결혼해서인지 등 그 목적에 따라 우선순위가 바뀐다.

학교나 직장 때문이라면 출퇴근이나 통학이 가장 중요하므로 그것을 1순위로 놓고 지역을 골라야 한다. 만약 단순히 독립 때문이거나 프리랜서라면 교통은 조금 불편하더라도 치안은 좋으면서도 아늑한 곳, 대신 가격은 좀 저렴한 곳을 고르는 게 좋다. 결혼이 이유라면 두 사람의 의견이 절충된 곳을 찾아야 한다. 이밖에도 어떤 목적에서 집을 구하는지에 따라 달라지기 때문에 그것을 확실히 하는 게 무엇보다 중요하다. 그렇지 않으면 사회초년생의 월급 통장에 구멍이 난 것처럼 돈이 줄줄 새는 일이 벌어진다.

해당 지역을 고른 뒤에는 내 자금으로 가능한 매물을 선정한다. 월세와 달리 전세는 매물이 많지 않아 선택의 폭이 좁을 수 있으니 지역 후보를 여러 곳을 보는 것이 좋다. 또 지금 당장은 없더라도 며칠, 몇 주를 기다리면 갑자기 나올 수 있으니 중개사무소에 원하는 조건을 명확히 말하고 전화번호를 남기고 오는 필요하다. 중개사끼리는 전국 매물을 공유하기 때문에, 다른 중개사무소에 올라온 매물도 소개할 수 있다. 그러니 지역이 달라도 범위를 말해두면 소개 받을 수 있다.

3. 안전한 매물인지 고민해보고 보증보험 가입 고민해보기

전세에서 중요한 점은 무엇보다 '안전'이다. 집주인 입장에서는 전세보다 월세 놓기를 선호하는 만큼 전세로 나온 매물은 그만큼 안전하

부동산 투자를 잘한다는 것

지 않은 집일 확률이 높다. 집값에 근접할 정도로 비싼 매물이거나, 집주인의 자금 회전 상황이 좋지 않거나, 근저당이 많이 잡혀 있을 수 있기에 안전한 집인가를 꼭 확인해야 한다.

계약 전 안전한 매물인지 확인하는 것이 우선이지만, 이 집을 너무 잡고 싶다면 어떻게 해야 할까? 불안한 미래를 위해 가입하는 보험과 같은 상품이 있다. 주택도시보증공사와 SGI서울보증 두 곳에서 전세보증이란 상품을 운영하는데, 주택도시보증공사가 공기업이라 가격이 훨씬 저렴하다. 웬만하면 주택도시보증공사에에 가입하자. 특히 요

'전세금 반환 보증'이 뭔가요?

전셋값은 수천만 원에서 수억 원에 달한다. 계약할 때 집주인에게 맡겼다가 계약이 만료될 때 되찾는 보증금의 성격인 셈이다. 집주인에게 문제가 생겨 되돌려받지 못할 위험이 발생하면 어떻게 될까? 집주인이 파산하거나 집값이 떨어지면서 돌려줄 수 없게 됐다공 배짱을 부리면 세입자로서는 난감해진다. 그 피해는 고스란히 세입자 몫이기 때문이다.

이런 위험으로부터 세입자를 보호할 수 있는 상품이 있다. 바로 주택도시보증공사에서 운영하는 '전세금 반환 보증'이다. 일정 보증료를 내면 해당 보증금을 보호해주는 제도를 말한다. 계약만료 시 우선 주택도시보증공사에서 보증금을 세입자에게 주고, 향후 집주인에게 주택도시보증공사에서 이를 받아내는 방식이다. 세입자 입장에서는 무슨 일이 생기든 상관없이 보증금을 받을 수 있다는 점에서 안전하다. 물론 일정 보증료를 내는 게 부담스럽긴 하지만 수천에서 수억 원하는 보증금을 지킬 수 있다는 것을 감안하면 가입하는 게 좋다. 특히 깡통 전세 우려가 되는 경우 더욱 가입해두는 게 필요하다.

즘 같은 전세난에는 필수적으로 가입해둘 것을 추천한다.

4. 전세계약 체결하기

마음에 드는 전세 매물을 찾았다면 계약을 체결한다. 이때 주의해야 할 점이 있다. 우선 체결하려는 그 매물이 맞는지 계약당사자가 맞는지, 해당 집이 맞는지 주민등록증과 대조해 등기부등본을 확인하는 등 꼼꼼하게 체크해야 한다. 혹시 그 집이 나중에 경매로 넘어갔을 때를 대비해 실제와 다르게 기재된 집이면 곤란해질 수 있다. 건축물대장도 떼서 계약서와 똑같이 적혀 있는지 다시 한 번 확인한자. 동 호수 등이 잘못 적혀 있는 경우도 있어 확인 또 확인해야 한다. 가끔 집주인이 지방이나 해외에 거주한다면서 그 가족이나 중개사가 대리로 계약하는 때가 있다. 그때는 대리장이 작성된 것을 확인하고, 사실 확인을 위해 당사자와 통화 등을 해 확실하게 하는 것이 좋다.

5. 전입신고 전 · 월세 신고하기 등

전·월세 계약을 마무리한 후 꼭 해야 하는 일이 있다. 해당 주민센터에 가서 확정일자를 받는 일이다. 그래야 나중에 위험에 빠질 경우 세입자로서 보호를 받을 수 있다. 전입신고와 확정일자는 동시에 이뤄지며, 앞서 말한 것처럼 동 주민센터에 가서 받으면 된다. 만약 계약서에 사인한 뒤 하루나 이틀 지체하는 사이 무슨 일이라도 발생하면 보증금을 날릴 수 있다. 그러니 계약은 주말을 피해서 하는 것이 좋다.

부동산 투자를 잘한다는 것

만약 주말에 계약해야 하는 상황이 되면, 미리 집주인에게 양해를 구하고 계약서를 쓰기 전 금요일에 전입신고를 미리 하고 확정일자를 받는 것도 방법이다.

가끔 집주인이 전입신고를 꺼리는 경우가 있다. 전입신고가 불가능한 집들의 경우다. 가령 불법 개조한 건축물이라든지 주거용으로 용도변경이 안 된 오피스텔, 옥탑방 등인 경우다. 이런 경우 비주거용인 건물이라 전입신고가 안 되는 건축물이기 때문에 사실 꺼리는 게 아니라 못 하는 것이다. 이때는 '전세권설정등기'를 요구할 수 있다. 전입신고와 확정일자는 주인의 동의 없이도 당연히 할 수 있는 것이지만, 전세권설정등기의 경우 등기부등본에 '내가 전세세입자요'라고 남기는 것으로, 법무사를 통해 일정 금액 수수료를 지불해야 하며 집주인의 동의를 받아야 한다. 전입신고에 비해 다소 번거로울 수 있지만 보증금을 떼이는 것보다 낫다. 그러니 불안하다 싶으면 꼭 전세권설정등기를 요구하기 바란다. 다만 경우에 따라 보증금 전액을 보상받지 못할 수도 있으니 잘 알아보도록 하자.

STEP 6

내 집 마련 실전편
집 살 준비가 된 부린이들을 위한

시드머니도 준비되고, 충분히 부동산 관련 공부가 되었다면 이제 진짜 집을 살 때가

되었다. 어떤 집을 원하는지 정했다면, 프롭테크를 이용해 입지도 좋고, 투자 가치도

높은 곳에 내 집을 마련하자.

1

희망 고문? NO!
꾸준히 청약 넣기

인기 단지는 청약경쟁률이 높고 당첨되기 힘들다고 한다. 엄두가 나질 않아 청약은 아예 쳐다도 보지 않는 부린이가 많다. 하지만 이 말은 시장 분위기에 따라 다르고 운에 따라 다르기도 하다. 미디어나 언론에서 '청약은 로또'라는 말에만 휘둘려 도전조차 하지 않는다면 아무 일도 일어나지 않는다. 부지런히 꾸준히 찾는 사람에게 행운도 찾아오는 법! 먼저 청약은 어떤 절차를 거쳐 진행되는지 알아보자

청약통장 가입은 끝까지 유지하기

어릴 적 부모님 손에 이끌려 청약통장에 가입한 사람이 꽤 될 것이

다. 부모 세대에는 청약 붐이 일어 자녀 이름으로 청약통장을 만드는 일이 흔했기 때문이다. 만약 청약통장이 없다면 제일 먼저 해야 하는 것은 통장을 개설하는 일이다. 혹 청약을 넣을지 말지 모르겠다 싶더라도 가입하자. 청약통장은 어린 나이에 가입할수록, 가입 기간이 길수록 유리하다. 청약을 넣지 않는다고 하더라도 일반 적금보다 이율이 높고 비과세이기 때문에 우선 가입하자. 나중에 사람 일이란 모를 일이다. 나중에 청약을 넣게 될지도 모를 일이다. 청약 시장이 좋아지면서 내게 복덩이를 안겨줄지 말이다. 최근 청약 당첨 가능성도 희박한데, 이럴 바에야 해약하겠다는 사람이 있는데, 해약은 금물이다. 언젠가 시장이 좋아질 때가 있으니 때를 기다리자. 청약 기간은 가입 기간이 중요하다는 것을 잊지 말자.

혹여 생활고에 시달려 청약통장에 넣어둔 목돈이 필요하다면 어떻게 할까? 통장을 깨서 차라리 그 돈을 쓰는 게 낫다는 생각할 수도 있다. 그렇다면 청약통장을 담보로 대출받는 방법을 알아보자. 물론 요즘에는 대출 규제가 강화돼 개인 상황에 따라 불가능할 수도 있지만, 평상시에는 청약통장에 들어있는 금액에 준하는 만큼 대출을 받을 수 있다. 무작정 해약하기보다 은행에서 상담을 받아보길 권한다. 그만큼 청약통장은 최대한 빨리 가입하고 청약에 당첨되기 전까지 유지하길 바란다.

청약통장의 종류

청약통장에도 종류가 있다. 지난 2015년 9월부터 기존에 있던 청약저축과 청약예금, 청약부금의 신규 가입이 중단됐다. 만약 그전에 가입했다면 이 중 어떤 통장인지 확인해야 한다. 통장 종류에 따라 청약을 넣을 수 있는 대상이 구분되기 때문이다. 청약저축과 청약부금이라면 청약예금 통장으로 변경할 수 있다. 한 번 전환한 통장을 이전으로 되돌리는 것은 불가능하다. 2015년 9월 이후에 가입한 통장은 구분 없이 사용 가능하다.

가점제와 추첨제

청약에는 내 상황에 맞게 점수를 매겨 점수에 따라 당첨자를 가리는 '가점제'와 청약 신청을 한 사람들 중 추첨하는 '추첨제'로 나뉜다. 해당 단지에서 가점제를 택했는지 추첨제를 택했는지 여부는 그 당시 부동산 청약 정책에 따라 해당 단지의 아파트 타입이나 규모 등에 따라 다르니 확인이 필요하다. 내 가점은 얼마인지 확인해서 자신에게 가점제가 유리할지 추첨제가 유리할지 유불리를 따진 뒤 청약 전략을 짜도록 하자.

청약의 장점과 단점은?

장점

1) 시드머니가 적은 상태로도 내 집 마련을 시작할 수 있다.
2) 신용도가 좋지 않아도 많은 금액을 대출받을 수 있다.
3) 새집에 입주가 가능하다.
4) 새집과 함께 주변이 개발되기에 집값이 오를 가능성이 높다.

단점

1) 완공까지 오랜 기간이 걸리다보니 입주 시점에 부동산 시장 변화를 예측하기 어렵다.
2) 가끔 부실 시공 논란으로 곤혹스러운 일을 겪는다.
3) 모델하우스에서 본 것과 달리 지어져 부실 시공 논란이 일어나기도 한다.
4) 신도시 등에 지어졌을 때 초반 3~4년 기반시설이 갖춰지지 않아 불편을 초래한다.

가점 계산은 무주택과 청약통장 가입 기간, 부양가족 수로 산정된다. 부양가족 수는 청약자와 배우자를 기준으로, 무주택 기간은 만 30세부터 그 사이 주택을 소유한 기간을 빼고, 부양가족 수는 배우자 포함 직계존속도 인정해 계산한다.

청약홈 즐겨찾기해놓고 수시로 들어가기

미디어에서 주목받는 유명 청약 단지가 아니라도 곳곳에 알짜 단지들이 많이 있다. 브랜드 있는 대규모 인기 단지가 아니라도 실거주를 목적으로 한다면 눈여겨볼 단지들이 전국 곳곳에서 있다. 그러니 분양가가 저렴하면서 입지 좋고 내 상황에 맞는 단지가 청약을 시작했는지 수시로 찾아보는 것이 좋다. 컴퓨터 홈페이지에 청약홈 홈페이지를 즐겨찾기해두고 쉬는 시간마다 혹은 심심할 때마다 확인하며 일정을 체크하길 추천한다.

단, 직접 가보지도 않고 인터넷으로만 청약을 넣으면 안 된다. 이런 '묻지 마 청약'은 추천하지 않는다. 요즘 프롭테크 기술의 발달로 인터넷으로도 부동산 관련 모든 정보를 다 찾아볼 수 있는 세상이 되었지만, 집을 찾는 일에 발품은 필수다. 손품 파는 것과 발품까지 파는 것은 천지 차이다.

모델하우스에 임장 가며 수시로 청약 넣기

마음에 드는 단지를 찾았다면 모델하우스를 찾아가 보자. 모델하우스는 주로 금요일에 문을 연다. 모델하우스 입구에서 팸플릿을 받을 수 있다. 여러 청약 조건을 살핀 뒤 내가 그 청약 조건에 맞는지 살펴보자. 청약 자격이 되지 않는다면 신청조차 할 수 없기 때문이다. 금전적으로도 대출을 받고 나중에 잔금을 치르는 과정이 가능할지 계산해보자. 아무리 대출을 받는다고 하더라도 턱없이 돈이 부족하다면 낭패를 볼 수 있기 때문이다. 이 모든 것들이 가늠되지 않는다면 부스에서 상담을 받아보자.

모델하우스를 찬찬히 둘러보자. 분양사업주는 모델하우스를 수십억 원을 들여 짓는다. 그만큼 마케팅 요소를 가미하기 때문에, 과장되게 꾸며진 부분은 없는지 객관적인 시각을 유지하는 것이 필요하다. 둘러본 결과 마음에 들었다면 청약을 신청한다.

친절한 이기자 국민주택과 민영주택의 차이점은?

부동산에서 국민주택과 민영주택을 나눠 혜택을 주거나 구분해 청약 조건을 달리 적용하는 때가 있다. 이 둘을 나누는 조건은 무엇일까?

이는 면적 규모에 따라 구분된다. 국민주택이란 실제 실수요자 사이에 선호도가 높은 85㎡ 이하 면적의 소형 평수다. 수도권을 제외한 읍면 단위 권역에서는 100㎡ 이하를 기준으로 한다. 청약에서 특별공급(특공)을 살펴봐도 이를 기준으로 공급하고 있다.

당첨된 후 계약

청약에 당첨됐다면 끝일까? 이후 계약서를 쓰지 않는다면 진정 내 것이 아니다. 계약하고 계약금을 걸어야 비로소 내 것으로 인정된다는

부동산 투자를 잘한다는 것

점을 유념해야 한다. 그렇지 않으면 당첨됐지만 포기한 것으로 간주된다. 심지어 청약통장을 사용한 채 포기한 것으로 간주되니 신중을 기해야 한다. 묻지 마 청약을 넣지 말라고 강조한 점도 이 때문이다.

계약금은 보통 총분양가의 10% 수준이다. 아파트 분양가가 5억 원이라면 5000만 원, 3억 원이라면 3000만 원 등이다. 한때 분양 열풍이 불었을 때 청약경쟁률을 높이기 위해 건설사업주가 계약금을 낮춰 사람들을 모집하는 방식을 썼다. 계약금을 무려 1000만 원까지 낮춰 돈이 많지 않은 사람도 청약을 넣게 만들면서 청약률을 높이는 식으로 유도했다. 하지만 현재 그런 단지는 거의 없고 대부분 10% 수준에서 책정된다. 그러니 청약을 넣으려면 일정액의 현금을 준비해둬야 한다.

중도금 분할 납부, 이후 잔금 치르기

사업 시행사와 이를 시공하는 건설사에서는 이렇게 받은 계약금을 기반으로 공사에 돌입하는데, 이를 '착공'이라 한다. 앞서 언급했듯 공사는 보통 2년에서 2년 반 정도가 소요된다. 그동안 우리는 무얼 해야 할까? 돈을 내야 한다. 건설사에서는 공사하는 중간에 이 돈으로 공사비를 충당한다. 계약금으로 분양가의 10%를 냈으니 이제 90%가 남는다. 그중 분양가의 60%를 공사가 진행되는 동안 분할해서 내는데, 이를 중간에 낸다고 해서 '중도금'이라 부른다. 이 큰돈을 어떻게 마련해야 할지 깜깜하다면, 걱정할 필요 없다. 건설사업주가 예비입주자를 대상으로 단체로 대출을 대신 조달해주는데, 이를 '집단 대출'이라고 한다. 이게 바로 분양을 받는 장점이기도 하다.

건설사는 이 큰 사업을 시행하기에 앞서 주택도시보증공사란 공기업에서 보증을 받는다. 은행에서 건설사의 신용을 담보로 주택도시보증공사의 보증을 토대로 집단 대출을 받아 예비입주자들의 대출금을 대신 내는 식이다. 그렇다 보니 예비입주자 개개인의 신용도가 떨어지더라도 제1 금융권에서 적당한 금리, 때론 무이자 등의 혜택을 받으며 대출을 조달할 수 있게 된다. 이런 대출 조건은 모델하우스 내부 한쪽에 있는 은행 부스에서 상담받을 수 있다. 일반적으로 중도금 대출을 받은 것으로 나눠 내면 되고, 내가 가진 목돈이 있으면 그때그때 갚아도 된다. 중요한 것은 구축 매매와 달리 2년여 기간에 나눠 낼 수 있어 자금 조달이 더 쉽다.

입주 준비하기

공사에 돌입하는 '착공'에서 약 2년 반이 지나면 드디어 완성된다. 잘 완성됐는지 점검하는 '입주자 사전 점검' 시간을 가진 뒤 문제가 없다면 본격 입주가 시작된다. 입주할 때 남은 돈을 내게 되는데 이를 '잔금을 치른다'고 한다. 잔금은 대체로 총분양가의 30%다. 이 돈은 어떻게 마련해야 할까? 만약 현금을 갖고 있다면 그것으로 내는 게 베스트다. 없다면 은행에서 잔금대출 명목으로 대출을 받는 방법이 있다. 그것도 여의치 않다면 여유 자금을 마련할 수 있을 때까지 그 집을 전세를 놓는 것도 한 방법이다. 보통 전세가격은 집값의 절반이 넘는 가격에도 내놓을 수 있기 때문에 잔금을 치르고도 충분하다. 하지만 문재인 정부에서 일부 투기가 과열된 지역에서는 입주와 동시에 반드시 실거주해야 한다는 정책을 만들면서 어려워졌다. 이런 단지는 반드시 전세대출을 받아야 하니, 잔금을 치를 수 있는 자금 여유가 되는지 미리 확인하는 것이 필요하다. 문재인 정부에서 대출 규제를 강화하면서 잔금대출을 받기도 힘들어졌다. 그래도 잔금을 조달할 여력이 되는지도 사전에 확인해야 한다. 이처럼 청약은 입주까지 2년 반이란 긴 시간이 필요하다보니 그사이 정책 변화에 대처할 능력이 될지 청약 시작 단계에서부터 점검하는 것도 필요하다.

청약제도는 매번 바뀌기 때문에 그때마다 확인 필수!

청약제도는 꽤 복잡하다. 이곳에 자세히 기술하지 않은 이유는 같은 정부 내에서도 청약제도가 여러 번 바뀌고 단지마다 청약제도가 조금씩 차이가 있기 때문이다. 큰 틀을 기술했으니 청약을 넣을 시점에 맞춰 청약제도를 확인하고 해당 모델하우스에서 상담을 받는 편을 권한다. 또 유념할 할 점은 상담 부스에 있는 직원들은 건설사 직원이 아닌 외주 직원이란 점이다. 그러니 혹시 잘못된 상담으로 추후 문제가 발생할 소지도 있다. 실제로 분양이나 입주 후 상담과 내용이 달랐다며 문제가 벌어지곤 한다. 만약 계약을 치를 예정이라면 상담 내용을 녹음해두고 해당 직원 명함도 받아두는 것이 좋다.

분양권이란?

청약에 당첨되면 좋겠지만 그렇지 못할 수 있다. 그런데 새집에 들어가고 싶다면 어떻게 해야 할까? 혹은 특정 분양 단지에 너무 살고 싶은 사람이 있을 수도 있다. 반면 막상 분양에 당첨됐는데 당첨되고 보니 자금이 부족해 도저히 입주가 불가능할 것 같은 사람도 있다. 이런 경우 두 사람이 서로 거래하면 어떨까? 실제로 청약 당첨자가 자신이 분양받은 권리를 팔 수 있다. 그 권리를 분양권이라 하며, 그러한 거래를 분양권 거래, 분양권 전매라고 한다.

분양권 전매가 가능한지 여부는 그 당시 청약 정책이 어떤지에 따라, 아파트단지나 해당 지역에 따라 다르니 확인해야 한다. 보통 전매가 가능하다면 계약금에 일정 금액을 붙여 파는 경우가 대부분이다. 분양에 당첨된 사람이 '그냥 팔진 않겠다, 나도 돈 좀 벌어야지'라고 생

부동산 투자를 잘한다는 것

각해 받는 돈을 '웃돈'이라고 하거나 '프리미엄' 또는 '피(P)'라고 한다. 한동안 이것을 분양권 투자라고 해서 분양 시장 투기를 조장하는 문제로 지적되기도 했다. 만약 내가 원하는 아파트단지가 있는데 청약에서 떨어졌거나 향후 더 가치가 오를 것으로 예상된다면 적당한 프리미엄을 주고서라도 분양권을 구입하는 것도 내 집을 마련하는 방법이 될 수 있다. 분양권 거래는 해당 아파트단지가 지어지는 지역 인근 부동산중개사무소에서 가능하다.

2

임장부터 대출까지
변수에 떨리는, 구축 매매

가용 가능한 자금 얼마인지 체크, 뒷돈까지 여유 있게

우선 현재 내가 가용 가능한 자금이 얼마일지 체크하자. 그 돈은 보수적으로 잡아야 한다. '영끌'이 유행처럼 번진다고 있는 돈 없는 돈 박박 끌어모아 최대치로 잡았다가는 잔금을 치를 때쯤 큰 코 다친다. 왜냐면 집을 사고 나서 나중에 부수적으로 들어가는 돈이 생각보다 꽤 되기 때문이다. 뒷돈으로 1000만 원은 거뜬히 든다. 아니, 그 이상이 들 수도 있다.

우선 중개수수료가 매매가에 따라 달라지니 단언할 수 없지만 4~5억 원 하는 집 기준 약 200만 원 정도 드는 데다, 근저당이 잡혀 있는 집의 경우 불안하니 법무사를 고용해야 한다. 이때 법무사 비용에 취·

등록세를 포함하면 약 600만~700만 원이 소요된다. 은행에서 잔금대출 받을 때도 세금 등으로 몇십만 원이 든다. 이 밖에 이사 비용이 100만 원 내외를 지출할 수 있다. 이사 가기 전 집에서 임대차 계약이 끝나지 않았다면 그곳에도 공인중개사 수수료를 요구할 수 있다. 이사 가려는 집에 잡다한 관리 보증금 등을 내면서 수만 원이 들 수 있는 점 등을 고려하면 넉넉하게 잡아 계산하는 게 좋다.

자금 마련할 때 참고할 것

만약 부모님께 주택자금을 보조받을 수 있다면 5000만 원까지 비과세 받을 수 있다. 하지만 그 이상 금액일 경우 증여세를 납부하거나 차용증을 써야 한다. 이런 것들을 고려해 가용할 수 있는 자금을 체크해보자. 우선 내가 갖고 있는 현금을 계산한다. 현재 대출을 얼마나 받을 수 있는지, 총금액이 얼마인지 확인한다.

대출은 크게 두 종류가 있다. 주택담보대출과 신용대출이다. 주택담보대출은 내가 사고자 하는 집을 담보로 은행에서 대출해주는 것이고, 신용대출은 개인의 신용으로 대출을 내주는 것이다. 웬만하면 신용대출이 아닌 주택담보대출로 끝내는 편이 낫다. 우리나라 모든 집은 담보대출이 거의 다 나온다. 안 나오는 집은 사면 안 된다고 보면 될 정도다. 신용대출도 추가로 받아야 한다면 내가 그 대출까지 갚는 데

친절한
이기자

대출 한도는 어떻게 알아봐야 할까?

DTI(Debt to Income ratio) : '총부채상환비율'이다. 여러분의 소득 대비 얼마나 상환할 수 있는지, 원금과 이자의 총비율을 뜻한다. 정부에서 이 한도를 몇 퍼센트인지 정해놓는다. 그렇다면 여러분의 소득이 얼마인지에 따라 원금과 이자의 합인 대출 원리금 한도가 정해진다. 가령 연간소득이 5000만 원인데 DTI가 40%로 제한됐다면 연간 원리금 상환액이 2000만 원을 초과하지 않도록 대출 규모가 제한된다.

DTI = (주택담보대출 원리금+기타 대출이자)/연소득

LTV(Loan to Value Ratio) : '주택담보대출비율'을 말한다. 주택담보대출을 받을 때 쓰이는 척도로 집값의 얼마의 비율까지 대출을 내주는지를 뜻한다. 보통 투자과열지구인지 조정대상지역인지 여부에 따라 한도가 달라진다. 60%라고 가정하면 1억 원짜리 집은 6000만 원까지 대출된다는 뜻이다.

LTV = 대출금액 /주택담보인정금액

DSR(Debt Service Ratio) : 이 중에서 가장 대출 한도를 강력하게 조인 개념으로 '총부채원리금상환비율'이란 개념이다. DTI가 소득 대비 원금과 이자인 원리금에 신용대출만 포함되고, 주택담보대출의 이자액만 포함되는 반면, DSR에는 각종 모든 대출 원리금이 다 포함된다는 게 차이점이다. 자동차 할부금과 신용카드 사용액, 보험 대출금을 비롯해 모든 대출이 다 들어가기 때문에 추가로 대출받을 수 있는 한도가 크게 줄어들게 된다. 정부에서 DSR 한도까지 높이면 대출 규제를 크게 조이겠다는 뜻으로 해석된다.

DSR = (모든 대출 원리금 상환액)/연소득

부동산 투자를 잘한다는 것

무리가 되지는 않을지 따져보길 권한다. 특히 2022년부터 대출 규제가 DSR을 포함해 강화된 만큼 은행에서 상담을 받아보는 것이 좋다.

임장 다니며 괜찮은 지역, 매물 찍기

대략 대출까지 더해 내가 갖고 있는 현금은 1억 5000만 원, 대출까지 받으면 약 4억 원대의 집까지 살 수 있을 것으로 예상된다고 해보자. 그러면 그 매물대로 어떤 집이 좋을지 생각해보자. 우선 지역을 먼저 살펴봐야 하는데, 무작정 밖으로 나가기 전 앱과 인터넷으로 사전 답사를 할 수 있다. KB부동산과 직방, 호갱노노, 아실 등 많은 앱이 있다. 이들 중 나와 맞는 것을 골라 미리 둘러보면 좋다. 이 중에서 KB부동산은 다른 앱과 병행해서 보면 좋다. 우리나라 모든 은행은 주택담보대출을 내줄 때 KB은행에서 낸 시세표에 따라 해주기 때문이다.

앱들을 보면 대부분 지도 위에 현재 매물로 나와 있는 것들의 시세와 함께 표시되어 있을 것이다. 그중 내가 원하는 가격대를 필터로 표시한 뒤, 해당 금액대로 갈 수 있는 지역이 어디인지 구분해보자. 그 지역 중에서 관심이 가는 곳을 메모하고, 리스트를 적어보고 임장 계획을 세우자.

관심 매물 계약금 넣기

앞선 임장 팁에 따라 임장을 다니면서 관심 매물을 좁힌다. 이것이다 싶은 매물이 생기면 계약하면 된다. 중개는 중개사법에 따라 중개사에게만 해야 한다. 물론 직거래를 해도 되지만 월세와 달리 매매는 수많은 거래 과정에서 생길 위험을 방지하기 위해 중개사를 끼고 하는 것을 추천한다. 처음 계약할 때는 계약금을 먼저 걸어야 한다. 청약과 달리 매매는 매수자와 매도자의 협의하에 이뤄지기 때문에 정해진 것은 없다. 중개사를 끼고 양측 협의에 의해 이뤄지는데 보통 계약금의 경우 매매가의 10% 선에서 정해진다.

중개사의 주관 아래 계약서를 작성한다. 최근에는 전자계약서를 쓰기도 한다. 공인중개사에게 미리 전자계약서를 원한다고 말하면 가능하다. 정부에서 받는 보금자리론이나 디딤돌대출을 이용할 때 전자계약서를 쓰면 약간의 이자 할인을 받을 수 있으니 참고하자. 계약할 때 잔금을 치르고 이사하는 날짜 등을 모두 정하니 계약서를 쓸 때 꼼꼼하게 살피는 것이 중요하다. 내게 불리할 만한 사항이 계약서에 있지는 않은지 등도 체크하자. 계약서를 쓴 당일에는 수정이 가능하다는 말도 있던데 사실이 아니다. 한 번 쓴 계약서는 변경이 불가능하니 작성 전 반드시 꼼꼼하게 확인해야 한다.

부동산 투자를 잘한다는 것

중도금 넣으며 대출 알아보기

액수가 큰 계약일 때 계약금을 치르고 잔금을 치르는 중간에 중도금을 내기로 합의하자. 그래야 매도자도 본인이 이사 갈 집이나 다른 곳에 갈 때 필요한 돈을 융통할 수 있기 때문이다. 중도금을 내는 날짜나 액수 또한 상호 합의하에 이뤄진다. 이 시점부터 여러분은 잔금을 치르기 위한 대출을 알아봐야 한다. 물론 계약을 넣을 때부터 이미 대출 가능 여부를 알아보았겠지만 이때는 더 정확히 대출을 받기 위해 알아봐야 한다.

집을 구할 때 여러 곳을 돌아다니는 발품을 팔 듯 대출을 받기 위해서도 발품이 필요하다. A은행을 가더라도 압구정 지점과 신사동 지점이 다를 수 있기 때문이다. 지점마다 현재 은행 잔고 상태 등이 다르기 때문에 내가 받을 수 있는 한도나 이자 혜택 등에서 차이가 날 수 있다. 물론 은행도 A, B, C 은행 등 다양하게 가보면 좋다. 월초 월말 등 날짜도 다양하게 가보자. 그때마다 크게는 몇천만 원이 차이 날 수 있다. 한두 푼도 아니고 집값을, 그것도 수년에서 수십 년을 갚아야 하는 큰돈인 만큼 열심히 발품을 팔아야 하지 않겠나. 좋은 집을 구하는 것만큼이나 돈을 잘 빌리는 것 또한 중요하다.

주택자금조달서 작성, 세금 문제 확인 등

대출금을 마련하는 동안 주택자금조달서 등을 작성해야 한다. 내가 이 집을 도박해서 샀는지 도둑질해서 샀는지 불법 자금으로 샀는지 모르는 일 아닌가. 정정당당한 방법으로 샀다는 것을 나라에 알리기 위해 쓰는 것이다. 어떻게 이 자금을 마련했는지 증명하기 위해, 계약서를 쓰고 한 달 이내에 쓰게 되어 있다. 혹시 증여나 기타 다른 이유로 세금을 내야 하는 부분이 생기면 세금신고도 해야 하기 때문에 꼼꼼히 잘 체크하고 써야 한다. 세금을 내야 하는 부분이 있다면 미리 세무사와 상담해서 어떻게 처리하면 좋을지 대비하자. 만약 의심스러운 부분이 있다면 주택자금조달서를 낸 뒤 해당 지자체에서 연락이 올 수 있다. 이것이 문제가 될 수 있으니 치밀하게 준비해야 한다.

잔금 치르고 입주 준비 등

잔금 치를 날이 다가왔다. 이에 맞춰 대출을 받은 은행에서 연락이 올 것이다. 보통 은행이나 중개사무소 등에서 추천한 법무사를 대동하고 잔금 치르는 날 매도자를 만난다. 이날 들어가는 집에 밀린 관리비는 없는지, 집에 문제는 없는지 등을 체크하자. 확인이 끝나면 법무사가 은행에서 잔금을 받고 관련 서류를 확인한 뒤 근저당을 해지해줄

부동산 투자를 잘한다는 것

것이다. 그 후 여러분은 남은 잔금을 치르면 된다. 되도록 종이 영수증을 받지 않도록 계좌이체를 하는 게 좋다. 나 같은 경우 스마트폰으로 계좌이체 최대한도를 늘려놓는 것을 깜빡해서 잔금 치르는 날 진땀을 뺀 적이 있다. 이런 것까지 꼼꼼하게 체크하는 것이 좋다. 잔금까지 치렀다면 주민센터에 가서 전입신고를 하자.

3

재건축과 재개발,
리모델링 알기

집은 오래되면 낡는다. 10년, 20년이 넘어가면 벽에 금이 가기 시작하고 누수도 생길 수 있다. 더 오래되면 녹물도 나온다. 이쯤 되면 살기 불편한 것을 넘어 위험해질 수 있다. 그럼 새로 지어야 하는 것 아니냐는 말이 나오는데, 이를 두고 '정비사업'이라 한다. 정비사업의 대표적인 것이 재건축과 재개발, 리모델링이다. 새로 짓게 되면 새집이 되는 것은 물론 증축하게 돼 가구 수도 원래보다 더 늘어 가격이 상승한다. 기존 주민에게는 자산을 불리는 큰 호재로 작용한다. 그러니 집을 살 때 이 집이 향후 정비사업 추진 가능성이 있는지 따져보는 것도 중요하다. 반대로 정비사업 가능성이 있다 해서 비싼 가격에 샀는데, 알고 보니 가능성이 희박한 경우도 있다. 속아서 덤터기 쓴 것은 아닌지 잘 구분해야 한다.

재건축과 재개발, 리모델링이 구체적으로 어떤 것인지 살펴보자. 닮은 듯 보이지만 셋은 전혀 다른 사업이다.

헌 집 줄게 새집 다오, 아파트 부수고 새 아파트 '재건축'

가장 많이 들어봤을 재건축 사업부터 들여다보자. 재건축은 낡은 건물을 부수고 그 자리에 새 건물을 짓는 방식이다. 아파트가 지어진 지 30년이 넘고 일정 안전진단 등급에 이르면 추진할 수 있다. 아파트를 사면 그 아파트 하나만 갖고 있는 것 같은가. 아파트가 뿌리 내리고 있는 그 땅도 갖고 있다는 사실! 그 땅을 아파트 전 주민이 아파트의 면적에 비례해 나눠 갖게 되는데, 이를 대지지분이라 한다. 대지지분을 가진 사람들이 조합원이 되며, 조합원이 모여 재건축 추진위원회를 꾸려 사업을 추진하게 된다. 재건축이 되면 기존 아파트보다 가구 수가 늘어난다. 늘어난 가구 수는 신규 분양을 하게 되고, 분양해 유입된 돈으로 건축비와 조합 운영비를 쓰고 남은 돈은 조합원에게 돌아간다.

동네를 재정비하는 공공성 강한 '재개발'

재개발은 낡은 아파트와 빌라라고도 불리는 다세대주택, 단독주택, 다가구, 상가, 교회 등은 물론 도로와 다리 등을 포함 낙후된 동네 자체를 개선하는 사업이다. 집을 새로 짓는 것은 물론 길을 새로 닦거나 상하수도, 도시가스, 전기 등을 새로 놓고 공원을 조성하는 등 기반시설도 만들기 때문에 재건축이 민간적 사업이라면, 재개발은 공공적인 성격이 더 강하다.

재건축은 아파트와 대지지분을 가져야 재건축 조합원이 될 수 있지만 재개발은 건물을 갖지 않아도 조합원 자격을 갖출 수 있다. 건물이 아니어도 이 구역 안에 속해 있다면 재개발 대상이 된다는 뜻이다. 가령 건물 없이 땅만 소유했더라도 가능하다. 이와 함께 안전진단을 실시하지 않는다는 점에서 재건축보다 기준이 엄격하지 않다는 점이 다르다.

골조는 유지한 채 부수는, 미니 재건축, '리모델링'

리모델링은 건물 기둥이나 골조는 그대로 두고 증축이나 대수선만 하는 정비사업이다. 이름에서도 느껴지는 그 느낌 그대로 맞다. 아무래도 큰 뼈대는 움직이지 못하다보니 재건축과 재개발처럼 아예 새롭

부동산 투자를 잘한다는 것

게 바꾸지는 못한다는 게 치명적인 단점이다. 집 구조를 새롭게 바꾼 다든지, 아파트 층수나 가구 수를 크게 늘려 신규 분양으로 돈을 크게 버는 기대를 충족하긴 힘들다.

하지만 세월아 네월아 걸리는 재건축이나 재개발에 비해 빠르게 추진될 수 있다는 것이 최대의 강점이다. 가령 지하주차장이 없는 옛날 아파트는 주차공간만이라도 확보해도 꽤 만족도가 높아지기 때문에 오랜 기간 재건축을 기다리는 것보다 빠르게 리모델링을 추진하는 것이 거주민 만족도를 높이는 길이다.

4

신도시와 사전청약

기존 도시에 올망졸망 모여 살다 보이면 집을 추가로 짓기 어려워진다. 정부에서 도심에서 떨어진 곳에 새로운 도시를 만들 계획을 세운다. 그곳에 교통망을 깔고 집을 짓고 인프라를 구축하는 데 이를 '신도시'라 한다. 신도시가 완성되면 도시 내 주택을 건설하는 것은 물론 편의시설을 지어 그 내부에서 생활이 가능하게 꾸민다.

그렇게 1989년 1기 신도시 개발 계획이 발표되었다. 1기 신도시는 분당과 일산, 중동, 평촌, 산본 등 다섯 곳으로 총 432개 단지, 29만 2000가구 규모였다. 이중 가장 먼저 완성된 곳이 분당 신도시다. 지난 2021년 입주한 지 30주년이 되었다. 2022년부터 일산과 평촌, 산본, 중동 순으로 입주 30년이 된다. 2기 신도시는 지난 2003년 참여정부 당시 서울 부동산 가격 폭등을 막기 위해 추진되었다. 인천 검단, 경기

부동산 투자를 잘한다는 것

김포시 한강, 화성시 동탄1·2, 평택시 고덕, 수원시 광교, 성남시 판교, 송파시 위례, 양주시 회천·2옥정, 파주시 운정 등 수도권 열 곳과 충남 천안·아산의 아산신도시, 대전 서구·2유성구의 도안신도시 등 충청권 두 곳을 지정했다.

지금은 문재인 정부에서 발표한 3기 신도시를 개발하고 있다. 신도시를 개발하는 데 꽤 오랜 시간이 걸린다. 정부가 땅을 소유주에게 사들이는데 이 절차를 '수용'이라 한다. 이렇게 개발되는 동안 앞으로 지어질 아파트에 들어갈 입주민을 모집하는데, 이를 본청약이라 하고, 그보다 훨씬 먼저 모집한다는 취지에서 이를 '사전청약'이라고 한다.

청약도 실제 입주보다 2년 반 정도 먼저 이뤄지는데, 사전청약은 그보다 훨씬 먼저 진행되기에 입주까지 일반 청약보다 더 오랜 시간이 소요된다. 게다가 입주까지 무주택 자격을 유지해야 한다는 점이 치명적인 조건이다. 다만 나중에 집을 사거나 청약을 넣게 돼 사전청약 당첨을 포기하더라도 불이익이 없다. 그러니 보험 개념으로 청약을 넣는 것을 추천한다.

5

경매로 정말 집을
싸게 살 수 있을까?

부동산 공부를 처음 시작하는 많은 부린이들이 경매 책을 추천해달라고 한다. 부린이 입장에서 '경매=싸게 사는 법'이란 이미지가 연상되나보다. 부린이들이 유독 경매에 관심을 갖는 것을 보면서 그럴 수도 있겠다 싶었다. 경매에 나온 물건 중 가격만 잘 부르면 절반 가격에도 집을 구할 수 있지 않을까, 이런 생각이 들 수도 있겠다 싶어 준비해봤다.

TV 드라마에서 경매를 진행하는 장면을 보면, 경매 진행 아나운서가 그림 작품을 등지고 앉아 '1000만 원이요', '2000만 원이요' 하고 외친다. 그러면 의자에 앉은 사람들이 손을 들며 원하는 가격을 부른다. 그런데 부동산 경매는 이런 호가경매와 다르다. 우선 법원에서 진행한다는 점, 이처럼 부르는 방식이 아닌 참여자가 희망 가격을 써서 제출하는 방식이라는 점에서다. 부동산 경매는 부동산을 담보로 빚을 낸

부동산 투자를 잘한다는 것

집주인이 이를 갚지 못해 넘어온 것이다보니, 법원에서 관할하고, 경매에서 처분된 것은 채권자에게 돌아가는 형식이다. 만약 여러분이 그 집의 세입자라면 전세보증금도 경매 과정을 거쳐 돌려받게 된다.

아주 오래전 부동산 경매는 인기가 많지 않았다. 법적 하자가 있는 물건이라 복이 들어오지 않는다거나 께름칙하다는 인식이 강해서 경매에 나온 집을 꺼리는 분위기였다. 그렇다 보니 경매 경쟁률이 치열하지 않아 낮은 가격에 낙찰되곤 했다. 또한 법원에서 주관해 경매 물건에 대한 정보가 비공개되어 참여하기 쉽지 않았다. 경매에 나온 매물들은 법적 하자가 많은 매물이다보니 낙찰받고도 소위 권리분석을 잘해야 하는데, 공부를 철저히 하지 않으면 사놓고도 법적 문제 때문에 골머리를 썩거나 오히려 나중에 돈이 더 드는 일이 벌어졌다.

하지만 경쟁률이 워낙 낮다보니 공부만 잘 해두면 반값도 안 되는 가격에 건실한 매물을 잡을 수 있었다. 이런 소식이 점차 퍼져나갔고, 세월이 흐르면서 미신에 대한 편견도 사라지면서 조금씩 경매에 눈을 돌리는 투자자들이 늘어났다. 법원 경매 정보를 분석해주는 민간 업체도 많아지면서 시중에 경매 정보가 풀렸다. 이제 서점에 가보면 부동산 섹션의 절반 이상을 차지하는 것이 경매 서적일 정도다. 오히려 경매로 잘 낙찰받아 대박 나는 케이스가 여기저기 쏟아지자 너 나 할 것 없이 경매에 뛰어드는 분위기로 바뀌었다. 이렇게 되자 경매 경쟁률이 점차 올라가기 시작했다. 2020년부터 수도권에서 경매로 주거용 부동산을 경매로 산다면 실제 집값보다 싸게 살 수 없는 수준이 됐다. 인기 높은 집은 오히려 더 비싼 수준에 낙찰될 정도다.

그래서 부린이들이 부동산 공부를 경매부터 시작한다고 하면 현재는 반대한다. 경매가 나빠서라기보다 굳이 경매를 공부해서 싸게 낙찰받을 수 있는 시장 분위기가 아니기 때문이다. 그래도 경매에 도전하고 싶은 사람은 많은 양을 공부해야 한다. 권리분석을 비롯한 법적인 것까지 공부할 것들이 많기 때문이다. 하지만 경매로 집을 낙찰받기에 늘 상황이 나쁠까? 부동산 시장에 '항상'이란 단어는 없다. 시장은 일정 주기를 갖고 움직이기에 지금 불리한 시장 상황이 몇 년 뒤 어떻게 달라질지 모를 일이다.

아직 경매의 모든 것을 알 필요는 없다고 생각한다. 다만 경매 시장이 부린이에게 우호적으로 흘러가는지 여부 정도를 파악할 눈 정도만 기르는 것은 괜찮다고 본다. 이를 위한 기본적인 용어와 통계를 보는 법 정도 소개한다. 매달 발표되는 경매 관련 통계기사만 간단히 살피면서 시장의 흐름을 볼 정도면 충분하다.

"경매 전문 정보업체 지지옥션에 따르면 2022년 4월 3째주 서울 아파트 낙찰가율이 120%까지 올랐습니다. 지난주(101.30%) 대비 28%포인트 상승했습니다."

이와 같은 기사가 매달 나오는데, 대체적으로 '낙찰가율'을 파악하면 분위기 정도 가늠할 수 있다. 낙찰가율이란 현재 경매 시장에서 아파트가 감정가 대비 어느 정도의 가격 수준에서 낙찰되는지 알려주는 척도다. 이 아파트의 감정가는 얼마인데, 경매 시장에서 그보다 얼마나 높은 혹은 낮은 가격에서 낙찰되는지 보여주는 용어다. 낙찰가율이 120%란 감정가보다 120% 되는 가격에 낙찰됐다는 뜻이다. 경매를 공부하는 이유는 감정가보다 더 싸게 사려는 것인데, 지금 아파트 감정가격보다 오히려 더 비싼 가격에 낙찰되는 상황이라니. 경매에 넘어간 집 자체가 법적 하자가 있다는 뜻인데 그런 집을 감정가보다도 더 비싸게 낙찰받을 필요까지 있을까? 저 집이 너무 갖고 싶어서 경매까지 따라간다면 모르지만, 부린이 입장에서 굳이 그렇게까지 살 필요는 없다고 본다. 그렇다면 아직은 경매시장에 뛰어들 분위기는 아니구나 하고 넘기면 된다.

통계를 볼 때는 아파트인지 다세대인지 단독주택인지, 혹은 토지나 공장 상가 등 대상을 확인하자고 했다. 아파트와 달리 토지나 공장, 상가의 낙찰가율은 낮을 수 있다. 그런 매물은 때에 따라 경매가 유리할 수도 있다. 또 지역도 확인하자. 서울이나 수도권의 낙찰가율은 높은 반면 일부 지방에서는 낮을 수 있다. 지방 아파트는 현재 경매가 유리할 수도 있다. 또 지금은 불리하지만 몇 달 후 경매가 유리할 수도 있다. 즉 경매 공부를 하는 게 유리할지 여부는 기사에서 흘러가는 시장 분위기를 보면서 기회를 보는 것이 좋다.

경매 시장 흐름 파악할 때 알아두면 좋은 기본 경매 용어

감정가 : 감정평가사란 직업을 가진 전문가가 부동산의 여러 기준과 시세를 기반으로 가격을 책정한 것이다. 보통 경매를 할 때 기준이 되며 시세보다 조금 낮은 편이다.

낙찰가율 : 경매가 시작될 때 법원에서 이 부동산이 얼마 정도의 가격인지 감정가를 매기는데, 그 감정가 대비 최종 경매에서 얼마에 낙찰됐는지 비율을 보여준다. 예로 들어, 100% 이상이면 감정가보다 비싸게 낙찰받았다, 100%다 감정가에 낙찰받았다, 100% 이하라면 감정가보다 저렴하게 받았다, 수치가 낮을수록 저렴하게 받았다는 뜻이다. 낙찰가율이 높아질수록 지금 경매로 싸게 살 수 없는 시장이라고 이해하면 된다.

낙찰률 : 경매에 나온 경매 건수는 얼마인데 낙찰된 낙찰 건수는 얼마인지 나타내는 지수다. 경매가 진행돼 실제 낙찰까지 성사된 게 얼마나 되는지 보여주는 지표가 된다. 낙찰률이 60%라면 열 건 중 여섯 건이 경매에서 낙찰됐다고 이해하면 된다. 현재 경매 시장에서 얼마나 많은 사람들이 참여하고 있는지를 보여준다. 낙찰률이 30%라는 것은 경매물건 열 건이 진행됐는데 그중에 세 건이 실제로 낙찰됐다는 것이다. 그중에는 여러 이유로 유찰됐을 수도 있다. 써낸 가격이 터무니없

부동산 투자를 잘한다는 것

이 낮거나 형식에 맞게 기입하지 않았거나 하는 이유로 유찰됐을 수 있다.

입찰 경쟁률 : 경매한 물건에 입찰하기 위해 온 사람들의 경쟁률을 말한다. 얼마나 많은 사람들이 입찰했는지를 통해 해당 매물의 인기를 보여주는 척도라고 이해하면 된다.

6

궁금한 건 못 참지,
부린이들을 위한 Q&A

주변에서 빌라는 사지 말라던데 정말일까?

빌라는 앞서 말했듯 연립이나 다세대 주택을 마케팅적인 요소를 가미해 말하는 주거 단지다. 아파트보다 저렴해 사회초년생들이 한 번쯤 고려하는 대상이다. 장점과 단점을 갖고 있다. 어떤 점에서 좋고 나쁜지 한번 알아보자.

지난 2015년부터 특히 서울에서도 강남 3구, 북부와 강서구, 경기 일부 지역을 중심으로 신축 빌라 분양이 많아졌다. 골목골목 신축 빌라 현수막도 많이 내걸었다. 단돈 얼마면 내 집 마련이 가능하다는 광고지도 많이 봤을 것이다. 낡은 다세대주택 건물이 경매로 나오면 이를 저렴하게 매입해서 이를 부수고 신축 빌라를 화려하게 지어서 분양하던 것이다. 당시 아파트 분양 붐이 일던 시기였는데, 아파트 가격이 부담스러운 신혼부부를 대상으로 틈새시장을 노리고 신축 빌라 분양도 덩달아 증가한 것이다. 그만큼 아파트보다 가격은 저렴하면서 아파트로 바로 가기 힘든, 그 전 단계의 수요를 대상으로 한 게 빌라였다. 아파트는 완공되는 데 2년 반 정도 걸리지만 빌라는 6개월 정도면 짓기도 한다. 그러니 주택 수요가 늘어난다는 것을 감지하면 그것에 맞춰서 빨리 지을 수 있어서 만들 수 있다는 장점도 있다. 그렇다 보니 주택 수요에 딱 맞춰서 적절할 때 공급된다는 점에서 필요할 때 아마 눈에 딱 띄었을 것이다. 이제 빌라의 알아보자.

첫째, 가격이 저렴하다. 이게 아무래도 빌라를 선택하는 최대의 장점 아닐까 싶다. 아파트로 가지 않고 빌라를 선택하는 가장 큰 이유가 아닐까 싶다. 솔직히 아파트값 보면서 이게 말이 되는 가격이야? 다들 이렇게 묻곤 한다. 그런데 빌라 가격을 보면 그래 이 정도면 살만 하겠다 싶다. 물론 신축 빌라 중에는 입이 떡 벌어지는 가격도 있긴 하지만 가격이 합리적인 부분이 가장 장점 아닌가 싶다. 요즘에는 꽤 빌라들이 옛날 빨간벽돌이던 시절과 달리 잘 지어져 가격 대비 만족도도 높다.

둘째, 편리성이 높아졌다. 이전에 빌라의 단점으로 꼽히던 점이 주차공간과 안전 문제였다. 이 부분이 신축 빌라에서는 많이 보완되었다. 아마 필로티 구조로 설계된 빌라를 많이 봤을 것이다. 빌라 중에서 1층에 다리 몇 개만 놓여 있고 텅 비어 있는 구조인 건물로, 이를 필로티 구조로 설계됐다고 한다. 그리고 그 공간을 주차공간으로 만들어 빌라의 단점인 주차공간을 확보했다. 위험과 개인 프라이버시 침해를 막기 위해 무인택배함을 설치하는 등 빌라 단점을 보완한 장치들도 생겨났다.

셋째, 관리비 등이 적게 나온다. 오피스텔 등과 비교했을 때 관리비가 적게 나오는 편이다. 오피스텔보다 복도 등 다른 사람들과 같이 쓰는 '공용면적'이 작다보니 관리비가 상대적으로 적게 나온다. 빌라에서 살 때 상대적으로 지출을 줄일 수 있다. 같은 면적이라면 오피스텔에 비해 실제로 사용할 수 있는 실사용 면적, 즉 전용면적이 넓다.

전용면적과 공용면적의 의미

공용면적이란 아파트나 오피스텔, 다세대 등과 같이 공동주택에서 모두가 같이 쓰는 공간의 면적이다. 가령 주차장이나 복도 엘리베이터와 같은 곳이다. 반면 전용면적은 각자가 거주하는 공간이다. 전용면적의 비율이 클수록 실제로 내가 사용할 수 있는 공간의 비율이 넓어진다. 오피스텔은 상대적으로 전용면적 비율이 낮게 설계되는 경향이 있다.

부동산 투자를 잘한다는 것

그럼 주변에서 뜯어말리는 이유인 빌라의 단점을 살펴보자.

첫째, 치안 문제다. 신축 빌라에 최근 폐쇄회로(CCTV)를 설치한 곳이 늘어나고 있다지만 여전히 없는 곳이 대다수다. 골목이 얽혀 있는 곳이나 언덕, 안쪽에 있는 곳이 많아서 여전히 위험에 노출된 곳이 많다. 아파트와 달리 경비하는 사람이 없고 내 집에 들어갈 때까지 보안이 제대로 돼 있지 않다. 때로는 집 문까지 사실상 뚫려 있는 것이나 마찬가지인 빌라도 있다. 특히 젊은 여성의 경우 위험에 노출될 수 있다.

둘째, 부실공사 우려다. 아파트처럼 대형 건설사에서 시공하는 게 아닌 소규모 건설사에서 시공하는 데다 그 건설사가 어디인지도 인지하지 못한 채 입주하는 경우가 대다수다. 향후 집에서 하자 문제가 발생하더라도 책임을 묻기도 어렵다. 입주하자마자 하자 문제가 발생하기도 하는데, 그러면 그나마 다행이다. 살다 2~3개월 지나면서 여기저기 문제가 눈에 띄는 경우가 발생해 찾아가 물어보면 건설사가 부도난 경우도 있다. 단지 규모가 작다보니 건축주와 직접 계약서를 작성하는 때도 있는데 계약서를 꼼꼼하게 확인하지 못해 나중에 읽었을 때 하자에 대한 보상을 제대로 받지 못 하도록 되어 있기도 하다.

셋째, 방음이나 단열, 지진 등에 취약하다. 최근에 나온 신축 빌라는 보완이 잘 됐겠지만 오래된 옛날 빌라는 아파트에 비해 방음이나 단열이 잘 안 된다. 어른들이 여름엔 덥고 겨울엔 추우며 벌레가 많이 들어온다고 하는 이유다. 그런 만큼 이런 부분이 잘 보완됐는지 문제는 없는지 확인하는 게 필요하다. 앞서 언급했듯 필로티 구조라면 지진에 취약할 수 있다. 우리나라에서 무슨 지진이냐고 할 수 있는데, 지난 2017년 포항 지진 사건이 발생했을 때를 떠올려보자. 그때 필로티 구조로 된 빌라 위험성이 제기된 바 있다. 만일의 사태에 집이 무너진다면 큰일이다.

마지막으로 가장 큰 단점은 불안정한 집값이다. 빌라는 상대적으로 집값이 크게 오르지 않는다. 아파트의 오름세에 비해 같은 기간 더뎌 투자성이 떨어진다는 점도 매력 반감 요소다. 첫째, 시공사가 불분명하다보니 아파트보다 같은 기간이면 좀 더 빠르게 노후되는 면이 있어서다. 시간의 흐름에 따라 가격이 하락한다. 아파트는 그래도 재건축 기대감에 낡아도 오래되면 값이 오르는데, 빌라는 재개발 기대감이 크지 않다보니 계속 값이 내려간다. 이를 '감가상각'이라 한다. 둘째, 아파트와 달리 한 단지에 세대수가 많지 않다보니 정확한 시세를 측정하기 어렵다. 팔려고 할 때 시세를 정확히 가늠하기 어려워 제 가격에 팔기 어렵다는 단점이 있다. 그렇다 보니 오른 값을 제대로 받기 어렵고, 빌라를 사려는 사람도 많지 않아 제때 팔기 어려워 때론 급매 처분하는 경우도 생긴다. 이를 두고 환금성이 떨어진다고 한다.
하지만 모든 빌라가 수익성이 떨어지는 것은 아니다. 아파트만큼은

부동산 투자를 잘한다는 것

아니지만 꽤 가격이 오르는 투자성 좋은 빌라도 있다. 빌라는 장점도 있고 매물에 따라 투자성 좋은 것도 있기에, 아파트를 선택하기에 자금이 충분치 않다면 수익성 좋은 빌라를 찾는 것도 방법이다.

그런 빌라는 무엇일까? 바로 '입지 좋은 빌라'다. 아무리 빌라라도 입지가 좋은 매물은 좀처럼 떨어지지 않는다. 입지 좋은 빌라를 찾으려면 임대 수요가 풍부한 빌라를 찾는 것이 팁이 될 수 있겠다. 빌라는 매매보다 전세 수요가 더 많기 때문에, 임대 수요가 풍부해서 전세를 놓아도 언제든 높은 가격에 임대를 놓을 수 있겠다 싶으면 매매해도 나쁘지 않다. 전세가격이 매매가격을 받쳐줄 테니 말이다. 매매가격이 좀처럼 떨어지지 않겠구나 하고 마음 놓을 수 있을 것이다.

세입자의 마음을 잘 아는 부린이 눈에 이 집이 언제 놓아도 전세가 나갈 것 같다면 입지가 나쁘지 않은 빌라라고 생각해도 좋다. 적어도 집값은 전셋값 아래로 내려가지 않을 테니 집값이 급락할 일은 없을 테고요. 하지만 재개발 이슈가 없는 한 빌라가 아파트만큼 강하게 오르기란 쉽지 않다.

오피스텔은 전입신고가 안 된다? 업무용이다?

오피스텔에 월세 계약을 하고 이사를 가려는데 집주인이 전입신고가 안 되는 집이라고 한다. 전입신고를 못 하게 막는 것인지, 원래 오피스텔은 전입신고가 되지 않는 것인지 궁금할 것이다. 도통 납득이 안 가는데 무슨 소리일까?

오피스텔은 어느덧 1인 가구의 보편적인 거주 공간으로 자리 잡았다. 그래서 주거용 공간으로 생각하기 쉬운데, 엄밀히 말하면 업무용 공간이다. 오피스텔이란 단어를 잘 살피면 '오피스(Office)'와 '호텔(Hotel)'로 구분된다. 원래 오피스텔의 태생은 작은 사업체를 운영하는 사람들이 취사도 가능하면서 업무도 볼 수 있게 대로변에 지어진 사무실이다. 지하철 역이나 버스정류장과 가까우면서 도심 요지에 위치해 작은 사업체가 이용할 수 있도록 지어졌으며, 그 안에서 취사 및 살림이 어느 정도 가능하도록 설계된 것이 특징이다. 그런데 1인 가구가 늘어나면서 사업체의 업무 공간보다 주거 공간으로 더 많이 쓰이게 되면서 지금의 원룸 전·월세용으로 자리 잡게 된 것이다.

만약 이곳을 주거 공간으로 내주려면 오피스텔 주인은 용도를 업무용에서 주거용으로 변경 신청을 해야 한다. 이 경우 임대사업을 신청하며 세금을 내야 한다. 그 과정이 귀찮기도 하고 세금이 아깝기도 하다보니 이런저런 이유로 이 과정을 생략하는 경우가 더러 있다. 용도 변경을 하지 않은 오피스텔에는 전입신고가 되지 않다보니 위와 같은 일이 벌어지는 것이다. 세입자 입장에서 전세보증금을 떼이지 않을까 불안할 수 있다.

본래 태생은 업무용이지만 지금은 주거용으로 용도를 전환해 그 어느 주거 시설보다 1인 가구의 인기를 한몸에 받고 있는 오피스텔, 크기가 비슷한 다세대주택과 비교했을 때 장점과 단점은 무엇일까?

첫째, 직주 근접이 뛰어나다. 태생이 업무용답게 대로변에 위치하다 보니 도로에서 안쪽 깊숙이 위치한 아파트와 다세대주택 등 주거 전용 시설보다 교통이 편리하다. 출퇴근이 바쁜 직장인에게 최적이다.

둘째, 빌라 등 다세대주택과 비교하면 편리하고 안전하다. 물론 최근 빌라는 1층을 기둥만 세워둔 필로티 구조로 설계해 주차공간을 확보하긴 하지만, 대체로 빌라 등 다세대주택은 주차공간이 부족한 것이 단점이다. 하지만 최근 지어진 오피스텔은 지하에 주차공간을 확보하고 있다. 게다가 관리인이 대체로 상주해 있고 폐쇄회로가 곳곳에 설치돼 있다. 오피스텔 내부도 대체로 풀옵션이다.

셋째, 다세대주택보다 건설주가 명확하다. 심지어 최근에는 대형 건설사에서 브랜드를 달고 분양하는 오피스텔이 늘어나는 추세다. 이런 브랜드 오피스텔은 빌라보다 부실 시공 위험이 적다. 물론 브랜드 가치로 분양가가 비싸지만 반대로 더 높은 임대료를 받을 수 있다.

다만 실거주 입장에서 매입한다면 아쉬운 점도 있다.

첫째, 오피스텔은 빌라와 마찬가지로 감가상각이 크다. 즉 시간이

지날수록 아파트와 달리 가격이 떨어질 확률이 높다. 물론 빌라와 마찬가지로 입지가 좋은 오피스텔을 잘 고르면 시간이 지나도 가격이 오르기도 하지만 아파트처럼 큰 폭의 시세차익을 노리기는 힘들다. 물가 상승률 수준의 수익 정도 기대할 뿐이다. 오피스텔은 다달이 월세를 받을 생각으로 투자하는 '수익형 부동산'의 일종으로 봐야 한다. 실거주하면서 집값이 오를 것도 기대하고 매입했다간 실망할 수 있다.

둘째, 빌라 대비 전용면적이 작다. 공용면적이 큰 편이라 같은 평수 대비 내가 거주하는 공간을 실용적으로 활용하기 어렵다. 이 경우 어떤 점이 아쉬울까. 내가 막상 먹고 자고 생활하는 곳은 좁은데 복도가 넓게 빠지거나 엘리베이터는 유독 넓은 식이다. 이런 공용공간은 많이 나오면서 또 관리비는 많이 내야 하는 일이 벌어진다. 막상 내가 누리는 것은 많지 않은 것 같은데 관리비는 많이 나올 수 있다.

셋째, 예상치 못한 가격 하락세를 겪기 쉽다. 오피스텔은 아파트보다 빠르고 쉽게 지어진다. 가령 내 오피스텔 주변에 갑작스레 오피스텔 단지가 우후죽순 지어진다면, 그 영향을 받아 내 오피스텔에 공실이 생길 수 있다. 이 경우 어쩔 수 없이 임대료를 내려야 하고 오피스텔 가치 하락으로 이어질 수 있다. 아파트는 옆에 새 아파트가 생긴다고 가치가 하락하지 않는다. 오히려 좋은 브랜드 아파트 단지가 들어서면 덩달아 가치가 상승할 수 있다. 하지만 오피스텔은 다르다. 수익형 부동산이다보니 서로 경쟁하는 구도가 형성된다. 옆에 오피스텔이 생기면 월세 수요는 한정됐는데 공급량이 늘어나면서 공실이 생길 수 있기 때문이다. 이에 동반 가치 하락을 겪을 수 있다. 갑자기 오피스텔 공급 물량 과잉될 일은 없을까? 그에 따라 오피스텔 가격이 하락하진 않을까 주시하는 것이 필요하다.

우여곡절 끝에 전세에 거주하고 있다고 해보자. 열심히 시드머니 마련에 노력하고 있다. 하지만 아직은 조금 더 거주해야 할 것 같다. 마침 이 집이 너무 마음에 들어서 연장해 살고 싶다. 그런데 요즘 집값 오름세에 전셋값도 오른다고 한다. 집주인이 아무래도 나가라고 할 것 같아 불안할 수도 있다. 이럴 때 알아둬야 하는 것이 세입자를 위한 권리다. 임대차 3법이다. 계약갱신청구권과 전·월세 상한제, 전·월세 신고제로 구성된다.

계약갱신청구권

원래 세입자는 월세든 전세든 처음 계약하면 같은 조건으로 2년을 거주할 수 있는 권리가 있다. 하지만 이것으로는 거주의 안정성을 보장할 수 없다는 목소리가 나와, 지난 문재인 정부 때 법을 개정해 보장 기간이 2년 더 늘어 총 4년이 되었다. 이렇게 2년 계약을 맺고, 연장하고 싶을 때 임대인에게 거주 기간 연장을 요구할 수 있는 권리를 '계약갱신청구권'이라고 한다.

물론 집주인이 그 집에 들어가 살겠다고 하거나 집을 팔겠다고 하면 연장할 수 없다. 이런 특별한 사유가 없다면 집주인은 세입자가 연장해서 살겠다는 요구를 거부할 수 없다. 계약 연장은 계약 기간이 끝나기 6개월에서 1개월 사이에 의사를 밝혀야 한다.

전·월세 상한제

계약을 갱신할 때 임대인이 전세보증금을 올릴 수도 있다. 이때 올리더라도 집주인이 한 번에 많이 올리지는 못한다. 그 상한선을 5%로 정해뒀으니 이것이 '전·월세 상한제'다. 하지만 만약 집주인과 세입자가 그 이상을 올리겠다고 협의한다면 그것은 가능하다. 시세 대비 전셋값이 너무 낮거나 세입자도 올리는 게 타당하다고 느껴서 합의되었다면 괜찮다는 취지다. 하지만 올려주기 싫지만 등 떠밀리듯 갑을 관계에 따라 굳이 임대인의 요구사항을 들어줄 필요는 없다. 자신의 권리를 당당하게 행사하자.

만약 집주인이 과도하게 임대료를 올리려고 하거나 계약갱신청구권을 사용하려는데도 나가라고 협박한다면 여러분의 권리를 당당하게 행사할 수 있는 방법이 있다. 각 사례에 따라 이 법을 어떻게 적용하면 좋을지 궁금하다면 대한법률구조공단에서 전화상담을 받을 수 있고, 이게 첨예한 분쟁까지 이어져서 손쓰기 어려운 상황이 됐다면 주택임대차분쟁조정위원회를 이용하면 된다.

전·월세 신고제

앞선 두 개 법이 2020년 7월 31일부터 시행됐다면, 전·월세 신고제는 이보다 한해 늦은 2021년 6월 1일 시행되었다. 전·월세 신고제는 계약하면 30일 이내에 집주인과 세입자가 함께 계약 내용을 시군구청에 꼭 신고해야 한다는 내용을 골자로 한다. 이를 어기면 최대 100만 원의 과태료가 부과되니 잊지 말자. 2022년 5월 31일까지는 우선 계도기간이라 과태료가 부과되지 않았다. 신고하도록 하자.

임대차 3법에 대해 궁금한 점이 있다면 대한법률구조공단 054-810-0132, 주택임대차분쟁조정위원회 132 또는 054-810-0132에 전화하자. 친절하게 상담받을 수 있다.

부디 부린이들이 부동산에 관심을 가지길

2030세대를 위한 부동산 기본서가 드디어 나왔다. 언뜻 보기엔 최근 2~3년 2030세대의 부동산 관심이 커진 흐름을 타고 부랴부랴 나온 책 같지만, 엄밀히 말하면 그보다 훨씬 전인 5~6년 전부터 준비해온 책이다.

나는 막내 기자생활을 부동산부에서 시작했다. 아직 세상 물정 모르는 사회초년생이 부동산 공부를 넘어 취재까지 하려니 고난의 연속이었다. 취재하다 역으로 전문가들에게 혼나는 순간도 많을 정도였다. 나이가 들면서 자연스럽게 상식 수준으로 알게 되는 것조차 몰랐으니까. 답답한 마음에 서점에 들러 내게 맞는 기본서를 찾았지만 사회초년생 눈높이에 맞는 기본서를 찾지 못했다. 취재 현장에서 부딪히며 깨달은 내용 중, 나와 친구들이 겪고 있는 주거 고민에 유용하게 활용할 수 있는 정보들을 담아보면 어떨까 하는 생각에 이르렀다.

하지만 그런 내 기본서 기획안을 본 출판가의 반응은 냉랭했다. 2030세대는 부동산 시장의 주요 수요층이 아니었기 때문이다. 청년들 역시 부동산에 관심이 없었다. 결국 2030세대가 왜 부동산을 알아야 하는지 설득하는 내용이 선행되어야 한다는 결론에 이르렀다. 이것이 2018년 초 전작《토익보다 부동산》이 탄생한 계기다.

물론 이 책을 사회에 꺼내는 것부터 쉽지 않았다. 지난 2020년부터 불어온 청년들의 '영끌' 열풍이 더 일찍 불어왔다면 수월했을까? 나는 시대를 조금 앞서갔다고 위로했지만, 당시 기획안이 수없이 거절될 때마다 속으로 수없이 울었다.

전작 말미에 독자들과 이런 약속을 했다.

"부동산에 관심을 갖는 자녀와 부모 세대가 조금이나마 생겨난다면 좋겠다. 그렇게 된다면 저 폴더 깊숙이 박아둔 원고를 다시 끄집어내고 싶다"고.

출간 후 독자 반응은 다양했다. "그래서 집을 사라는 건지, 말라는

부동산 투자를 잘한다는 것

건지 답이 없다"거나, "청년들에게 부동산 투기를 조장한다"는 조금은 억울한(?) 후기도 있었지만 "후속작을 기다린다"는 가슴 뭉클한 메일도 받았다. 그 피드백에 용기를 얻었다.

'그래! 쓰려고 했던 기본서 집필에 박차를 가해보자'. 그렇게 다시 도전했지만 출판사에 보기 좋게 또 거절당했다. 여전히 2030세대를 위한 부동산 기본서는 돈이 되지 않는 아이템이었나보다. 독자들과 약속을 지키지 못했다는 미안함과 함께 시간만 무심하게 흘렀고, 이럴 바에 내가 직접 독자들과 소통하는 편이 낫겠다 싶어 부랴부랴 팟캐스트를 개설했다. 지난 2020년부터 네이버 오디오클립·팟빵·아이튠즈 등에서 '이승주 기자의 부린이 라디오'로 소통했다.

그러던 중 문재인 정부의 계속된 규제책의 부작용으로 집값이 고공행진하자 청년들이 부동산에 관심을 갖기 시작했다. 그 덕에 구독자 45만 명을 보유한 유튜브 채널 직방TV의 제안으로 '부린이의 정석'을 함께 기획·출연했고, TBS '민생연구소'의 부동산 프로그램에 '부린이라디오' 진행자로 출연했다. 관심을 넘어 '영끌'에 '막차' 열풍마저 불며 양극화가 심화된 것은 안타깝지만 2030세대의 부동산에 대한 고민과 갈증이 내 원고를 꺼내준 힘이다.

출판사에서 이번 책 제목으로 '부동산 투자를 잘한다는 것'을 추천했다. 처음 들었을 땐 집필 의도와 멀게 느껴져 반대했다. 청년들에게 자칫 집으로 돈 버는 법을 권하는 것처럼 읽힐까 거부감도 느껴졌다.

하지만 곱씹어보니 생각이 조금씩 달라졌다. '부동산 책의 유효기간은 길어야 6개월'이란 말이 있다. 시중에 지금 시장에 맞는 투자 기법(?)을 소개해주는 책이 많은데, 이내 다른 부동산 정책이 나오거나 시장 상황이 달라지면 유효하지 않게 된다는 점에서다. 이 책은 다르다. 집값 오를 지역을 찍어주거나 청약 당첨 확률을 높일 노하우를 소개하진 않는다. 다만 2030세대 왕초보 입장에서 어떤 시장 상황이 닥쳐도 스스로 판단할 수 있는 기본 지식과 통찰력을 키울 수 있는 가이드가 되리라 믿는다. 그런 의미에서 '부동산 투자를 진정으로 잘한다는 것'이 무엇인지 알려주는 책이 될 것이라 여겨져 기쁜 마음으로 동의했다.

지난 문재인 정부에서 무수히 많은 부동산 정책이 나오면서 집값이 폭등하더니 이제 하락론이 나온다. 집을 사야 할지 팔아야 할지조차 갈피를 잡지 못하는데, 전·월세살이조차 위태롭다. 이 책이 혼돈의 시장 속에서 청년들의 불안감을 덜어주고 힘을 길러주는 데 조금이나마 도움이 되길 바란다.

2022. 7

이승주 드림

부동산 투자를 잘한다는 것

부록

✦ 부동산 전문기자가 알려주는 ✦
'내 컴퓨터 즐겨찾기'

1. 매일매일 기사 읽기 ▶ 네이버 부동산 뉴스, 다음 부동산 뉴스

네이버 https://land.naver.com/news/headline.naver?bss_ymd=20220601

다음 https://realestate.daum.net/news

2. 임대주택 찾을 때 ▶ 마이홈

https://www.myhome.go.kr/hws/portal/main/getMgtMainPage.do

3. 전세금 반환 보증에 가입하고 싶다면 ▶ 주택도시보증공사(공기업), SGI 서울보증(민간)

주택도시보증공사 https://www.khug.or.kr/hug/web/ig/dr/igdr000001.jsp

부동산 투자를 잘한다는 것

4. 대출 정책 상품에 가입하려면 ▶ 한국주택금융공사

https://www.hf.go.kr/hf/sub01/sub_main01.do

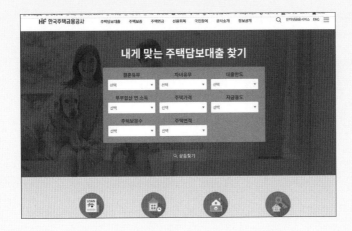

5. 청약 넣을 때 ▶ 한국부동산원 청약홈

https://www.applyhome.co.kr/

6. 재건축 재개발 등 정비사업이 궁금하다면 ▶ 서울시 정비사업 정보 몽땅

https://cleanup.seoul.go.kr/

7. 서울 부동산의 모든 데이터를 보고 싶다면 ▶ 서울부동산정보광장

https://land.seoul.go.kr:444/land/

부동산 투자를 잘한다는 것

8. 정부 정책을 날것으로 습득하라 ▶ 부동산은 '국토교통부', 금융은 '금융위원회'

국토교통부 http://www.molit.go.kr/portal.do

금융위원회 https://www.fsc.go.kr/index

9. 아파트 관리비 등의 모든 것 ▶ 공동주택관리정보시스템

http://www.k-apt.go.kr/

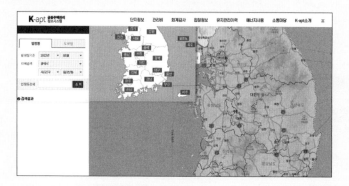

10. 부동산 정보 민간 사이트 ▶ 아파트는 부동산114, 경매는 지지옥션

부동산114 https://www.r114.com/

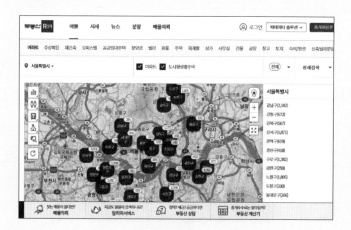

지지옥션 https://www.ggi.co.kr/

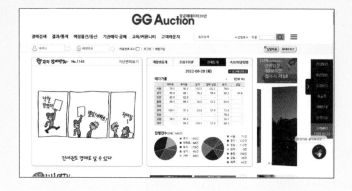

부동산 투자를 잘한다는 것

1판 1쇄 인쇄 2022년 8월 18일
1판 1쇄 발행 2022년 8월 25일

지은이 이승주
발행인 김형준

편집 황남상
마케팅 김수정
디자인 유어텍스트

발행처 체인지업북스
출판등록 2021년 1월 5일 제2021-000003호
주소 경기도 고양시 덕양구 원흥동 629-1, 805호
전화 02-6956-8977 **팩스** 02-6499-8977
이메일 change-up20@naver.com
홈페이지 www.changeuplibro.com

ⓒ이승주, 2022
ISBN 979-11-91378-07-8 (13320)

체인지업북스는 내 삶을 변화시키는 책을 펴냅니다.